8. 1. 2013

Zur bleibenden
Erinnerung zum
Geburtstag.

In liebe Mama

Karo ist klug, kokett, liebenswert und unnahbar und fällt vollkommen unerwartet in einen Abgrund. Als auch die cleversten Selbsttäuschungen nicht mehr helfen, tritt sie verzweifelt und mit wütendem Humor ihrer Depression entgegen. Mit bodenloser Leichtigkeit, selbstironisch und überschwänglich erzählt Sarah Kuttner in ihrem Debütroman von der Verlorenheit, die manches Leben heute aushalten muss.

»Eine ungemein klarsichtige Innenschau einer jungen Frau in unserer Zeit – ein Bericht über den Bruch.« *Neon*

Sarah Kuttner wurde 1979 in Berlin geboren und arbeitet als Moderatorin. Sie wurde mit ihren Sendungen »Sarah Kuttner – Die Show« (VIVA) und »Kuttner.« (MTV) bekannt und arbeitete mehrfach für die ARD. Zuletzt war sie dort mit »Kuttners Kleinanzeigen« zu sehen. Ihre Kolumnen für die Süddeutsche Zeitung und den Musikexpress wurden im Fischer Taschenbuch Verlag veröffentlicht. Sarah Kuttners erster Roman, »Mängelexemplar«, wurde zu einem Bestseller. Die Autorin lebt in Berlin.
Mehr zur Autorin unter: www.sarahkuttner.de

Unsere Adresse im Internet: www.fischerverlage.de

Sarah Kuttner

Mängelexemplar

Roman

Fischer Taschenbuch Verlag

Veröffentlicht im Fischer Taschenbuch Verlag,
einem Unternehmen der S. Fischer Verlag GmbH,
Frankfurt am Main, Oktober 2010

Lizenzausgabe mit freundlicher Genehmigung
der S. Fischer Verlag GmbH, Frankfurt am Main
© 2009 S. Fischer Verlag, Frankfurt am Main
Druck und Bindung: CPI – Clausen & Bosse, Leck
Printed in Germany
ISBN: 978-3-596-18494-1

Glück hinterlässt keine Narben.
Aus Frieden lernen wir nicht viel.

Chuck Palahniuk, *Das letzte Protokoll*

»Eine Depression ist ein fucking Event!«

Meine Güte.

Mein neuer Psychiater gebärdet sich wie ein Popstar. Selbstbewusst sitzt er hinter seinem Schreibtisch, vor sich eine Flasche Bionade und auf dem Gesicht ein recht gefälliges Niels-Ruf-Grinsen.

Das verwirrt mich. Bionade und Niels Ruf kenne ich nämlich aus dem richtigen Leben, beide haben in meiner psychiatrischen Praxis bitteschön nichts verloren.

In meiner psychiatrischen Praxis erwarte ich etwas weniger Modernes. Ich weiß nicht so recht, was ich von all dem halten soll, also überlege ich, ob es die Situation auflockern könnte, wenn ich dem Arzt meine Gedanken mitteile.

»Sie sind ein bisschen wie Niels Ruf, nur weniger Arschloch.«

Sieh mal an, laut ausgesprochen klingt es mehr nach einer Beleidigung als nach einem witzigen Vergleich.

Findet er auch.

Ich fange an, zu rudern: versichere, dass ich Niels Ruf im Grunde für sehr intelligent halte, nur eben auch für sehr präsent, und dass er, mein neuer Psychiater, natürlich nicht ansatzweise so selbstgefällig wie Niels Ruf ist, im Gegenteil, es hat auch eher etwas mit seinem selbstbewussten Auftreten zu tun, der flotten Krawatte zum pinken Hemd, mit dem jugendlich rasierten Kopf, und überhaupt finde ich seine Art, sich auszudrücken, ziemlich unkonventionell, was ja überhaupt nicht schlecht sein muss, und hey, wenn eine Depression ein fucking Event ist, dann ist das doch, ähm, cool.

Nur möchte ich meine Karten für dieses Event gerne bei eBay wieder verkaufen, wenn das bitte ginge?

Es geht nicht.

Deshalb bin ich hier. Wieder hier.

Denn ich habe wieder Angstanfälle, und ich bin traurig, und diese Angst macht mir noch mehr beschissene Angst und mich noch schlimmer traurig.

Eine sogenannte Angstspirale. Die Angst vor der Angst. Weiß ich schon alles, kenne ich gut.

Theoretisch kennt der Popstarpsychiater das auch alles, nur mich eben noch nicht. Ich wiederum bin sehr vertraut mit seiner Praxis und seiner Sprechstundenhilfe. Das verschafft mir einen klaren Heimvorteil.

Mein Gegenüber ist die Vertretung für meine erste Psychiaterin Frau Dr. Kleve. Die kennt mich seit einem Jahr, meine Geschichte, mein Leid, meine Angstspirale und meine Tränen, sie kennt Niels Ruf nicht, und sie trinkt Wasser und kuckt sehr interessiert und streng. Frau Dr. Kleve gefiel mir ausgesprochen gut. Ihrem Mann gefiel sie anscheinend auch ausgesprochen gut, denn sie ist jetzt seit ein paar Monaten im Mutterschutz.

Das freudige Ereignis kündigte sich schon vor einem Jahr an, damals habe ich mich sehr für sie gefreut, ich war, wie viele Anfänger, der Meinung, sie in ein paar Monaten eh nicht mehr zu brauchen.

Tschüssi, Frau Dr. Kleve! Viel Glück und viel Spaß mit dem kleinen Racker, bei Ihrem Job wird der sicher aufs Allerbeste erzogen, hahaha, wir beide werden uns ja wohl nicht so schnell wiedersehen, hahaha, na, besser ist das auch, nicht wahr, hahaha.

Und hier bin ich. Ein Jahr später, selber Raum, neue Tränen, neue alte Ängste und neuer Psychiater.

Ich bin ein großer Freund von messerscharfen Diagnosen, denn die versprechen Heilung. Sie gaukeln einem vor, dass das Problem erkannt ist und sich Mutti jetzt drum kümmern wird. Bis du heiratest, ist alles wieder gut!

Mir persönlich ist beispielsweise ein Bein, das aus Gründen einer messerscharf diagnostizierten Krankheit amputiert werden muss, deutlich lieber als Angstanfälle, die keiner versteht und die deshalb auch nicht abgeschnitten, ausgemerzt, über den Jordan geschickt werden können. Aber genau das ist wohl der Punkt. Ich habe zwar noch beide Beine, stecke aber in einer neuen Angstspirale.

Es ist so, als ob man im Radio sauteure Tickets für ein Konzert gewinnt, auf das man keine Lust hat. Eine Depression ist wie ein Madonna-Konzert: wirklich ein »fucking Event«. Allerdings ein beschissenes und unnötiges »fucking Event«. Der Popstarpsychiater versteht also doch etwas von seinem Beruf.

Das passt mir gut, denn ich bin verunsichert, ängstlich, kraftlos und vollgestopft mit überflüssiger Selbsterkenntnis jeder Couleur, die ich in einem Jahr Psychotherapie in meinem Kopf gesammelt und gestreichelt und hin und her gekullert habe.

Ich war brav. Ich habe während der letzten zwölf Monate Antidepressiva genommen, mein Leben geordnet, war gut zu mir selbst, habe versucht, mich »mehr zu spüren«, und verdammt, ich bin das erste Mal seit ziemlich langer Zeit richtig zufrieden, gar glücklich. Und in diesen wunderbaren Zeiten meiner fast jungfräulichen Zufriedenheit, im Stadium eines zart keimenden Glücks, tritt mir der blöde Penner Angst zwischen die nichtamputierten Beine und wirft mich um und lacht mich aus.

Ich meine es also ernst: Ich bin bereit, eine knallharte und auch gerne erschütternde Diagnose in Empfang zu nehmen. Ich meine, ich bin wirklich *bereit*. Sie in Empfang zu nehmen. Wie die Hostie in der Kirche, dünn und geschmacklos, aber eben unumstößlich existent.

Und der Popstarpsychiater sieht aus, als hätte er das Zeug und die Eier dazu und Lust auf eine top Diagnose.

Das einzige Problem ist: Er hat keine Ahnung von mir. Er weiß nichts von der allgemeinen Geschichte meiner siebenundzwanzig Jahre, der speziellen Geschichte des letzten Jahres und dem Auslöser für all die nur zäh abfließende Scheiße.

Nun denn, es sieht so aus, als käme ich hier nicht in zehn Minuten wieder raus. Der Popstarpsychiater hat Zeit, seine noch fast volle Bionade verspricht das auch – also auf ein Neues.

EIN JAHR ZUVOR

Ich bin anstrengend.

Das klingt erst mal ziemlich lässig.

Es klingt liebenswert und ein wenig kokett, selbstironisch, im Grunde genommen genau so, wie man sein Mädchen gerne mag. Cool, nicht zu lieblich, nicht zu damenhaft, vielleicht möchte man mit mir sogar Pferde stehlen.

Aber ich bin ein Stadtmädchen. Ich will auf keinen Fall Pferde stehlen. Auch kleinere Tiere nicht. Generell kann man mit mir nichts stehlen.

Ich bin anstrengend.

Ich werde sehr schnell wütend, traurig, überdreht und laut.

Auch das klingt zunächst sehr sympathisch: Ach, Karo ist eben einfach nur sehr emotional. In Zeiten, in denen Jugendliche sich, ohne mit der Wimper zu zucken, bei einer Cola Enthauptungsvideos im Internet ansehen, ist das doch toll, wenn jemand noch ordentlich was fühlt!

Aber ich kann versichern: Das ist anstrengend. Es ist anstrengend für mein Umfeld, und es ist vor allem anstrengend für mich.

Gefühle sind Stress. Natürlich ist man sich einig, dass Trauer, Schmerz und Enttäuschung sehr, sehr schlimm sind. Das weiß jeder. Aber auch Glück ist anstrengend. Ich finde nichts frustrierender, als neben einer auserwählten Person zu liegen und das Bedürfnis zu haben, ihr so nah wie möglich zu sein. Man kann sich umarmen und verknoten, bis man schwarz wird, man hat immer das Gefühl, noch näher sein zu wollen. Das sogenannte In-den-Partner-reinkriechen-Wollen. Aber man kann nun mal, von bestimmten Sexualpraktiken abgesehen, *nicht* in den Partner reinkriechen. Man wird nie nahe genug sein.

Oder Sehnsucht. Wie oft das Einander-Vermissen schon romantisiert, Chris-de-Burgh-isiert wurde. Sehnsucht ist fürchterlich. Wenn man vermisst, kann man sich nicht mal mit Kino ablenken, weil im Film am Ende doch immer alle einander haben.

Und nein: Vorfreude ist nicht die schönste Freude. Vorfreude ist die Zwillingsschwester von Sehnsucht und somit ein Haufen Mist.

So bin ich. Anstrengend. Und ich kokettiere damit nicht. Denn jegliches bei mir ankommende Gefühl, ob positiv oder negativ, potenziert sich innerhalb kürzester Zeit zu einem Drama. In meinem Bauch bildet sich ein Feuerball, und ich sehe rot. Kleinigkeiten machen mich irre, wegen einer Mücke werde ich zum Elefanten. Und nicht zu einem dieser Pixar-Elefanten, sondern zu einem von jenen, die aus Rache töten.

Als mir mal, nach einer Dreiviertelstunde Suche, ein mir eindeutig zustehender Parkplatz von einer anderen Frau weggeschnappt wurde, bin ich zunächst ausgestiegen, um zu argumentieren, als ich damit aber scheiterte, habe ich aus Wut einfach angefangen, zu weinen, und die

Frau eine »blöde Schlampe« genannt. Sie war Mutter, wie ich am Kindersitz im Inneren des Autos sah. Also habe ich auch noch ihre abwesenden Kinder aufs Allerschlimmste verflucht.

Ich finde in solchen Momenten einfach kein Ende. Ich muss so lange streiten und krähen und kämpfen und bestrafen, bis mein Gegenüber zusammenbricht und sich entschuldigt. Da dies unbefriedigend selten der Fall ist, bin ich unbefriedigend oft wütend und enttäuscht und traurig.

Dieses Spektakel ist für die Betroffenen sicher unangenehm, aber für Außenstehende mag es, aus der Distanz betrachtet, auch ganz amüsant scheinen: Kuck mal, Karo kommt wieder Rauch aus den Ohren, und wie sie da mit hochrotem Kopf brüllend auf und ab hüpft, niedlich!

Ja, aus der Ferne gesehen, ist das ein Riesenspaß. Wobei ich leider selber überhaupt nicht in der Lage bin, mich von außen zu betrachten. Allein bei dem Gedanken an eine cholerisch zeternde junge Frau, die mit rauchender Birne eine Mutter mit Kleinwagen und Parklücke zur Sau macht, werde ich wieder so wütend, dass ich auf und ab hüpfen könnte.

Normale Menschen zählen in diesem Moment wohl bis zehn, aber ich komme gar nicht erst bis zur Zwei. Ich lege sofort los. Kickstart. Von null auf hundert! Wäre ich ein Sportwagen, die Brandenburger Dorfjugend würde sich um mich reißen!

Nach einiger Zeit ist mir die ganze Aufregung peinlich. Nicht in dem Moment, in dem ich den Kindern der Parkplatzdiebin lautstark wünsche, dass sie nie im Leben eine Ausbildung bekommen, und auch nicht in den folgenden

Stunden, die ich damit verbringe, alle meine Freunde an-
zurufen, um die Ungerechtigkeit, die mir widerfahren ist,
zu teilen. Aber irgendwann später fange ich an, mich leise
zu schämen. Taucht allerdings ein neuer Feind auf, bin ich
wieder die am schnellsten beschleunigende Emo-Maschi-
ne der Welt. Ich lerne aus meinen Fehlern nicht.

Ich beschließe, einfach mal zu einer Psychotherapeutin zu gehen.

Eigentlich habe ich keine besonders großen Probleme. Nicht, dass ich überhaupt keine hätte: Mein cholerisch angehauchtes Ich macht mir schon zu schaffen, und mein Leben ist durchaus etwas im Ungleichgewicht: Ich habe einen ziemlich tollen Job bei einer Event-Management-Agentur verloren. Nach der Ausbildung war ich übernommen worden, und glücklicher hätte man mich nicht machen können. Der Job war mein Zuhause. Seit drei Monaten ist er weg. Jetzt überweist mir meine Oma jeden Monat heimlich meine Miete, und ich kellnere gelegentlich in einer Kneipe.

Die fehlende Arbeit gibt mir Zeit und Muße, in meinem Leben ein wenig aufzuräumen. Also sortiere ich einige zwischenmenschliche Beziehungen, die für mich nicht mehr funktionieren, einfach aus, manche ehemals enge Freunde sortieren sich selbst aus, und ich habe, um ehrlich zu sein, ein wenig das Gefühl, dass sie versuchen, sich freizuschwimmen vom übergroßen Emo-Monster Ich. Bitte sehr, sollen sie doch, ich kann nichts gebrauchen, was mich nicht lieb hat. Ich strauchele nicht. Ich kriege Sachen schon alleine irgendwie hin, muss ja, muss ja.

Ein weiteres Feuer in den Hollywood Hills meines Lebens ist mein Freund Philipp. Wir sind vermutlich einfach nicht füreinander gemacht. Wir versuchen aber schon seit über zwei Jahren sehr erfolgreich, diese kleine Ungereimtheit zu verdrängen. Im Grunde finden wir uns beide gegenseitig doof. Alles an ihm macht mich wahnsinnig, vieles an mir macht ihn wahnsinnig. Jeder von uns denkt regelmäßig an Trennung, keiner hat den Arsch in der Hose. Ich denke, wir haben einfach Angst, allein zu sein. Lieber eine Beziehung mit Streit und fehlenden gemeinsamen Interessen als keine Beziehung. So sind wir jungen Konservativen. Sicherheitsbedürftig, faul und feige.

Mein Leben ist also durchaus unbefriedigend, aber ich kann nicht sagen, dass ich einen enormen Leidensdruck verspüre. Ich fühle mich nicht im klassischen Sinne »reif für eine Therapie«, ich habe einfach Zeit, und ich bin neugierig. Ich möchte wissen, was eine Professionelle über mich denkt, wie sie mich einschätzt. Als ob man sich die Karten legen lässt oder so.

Meine Mama, eine Expertin in Sachen Psyche im Allgemeinen und Depression im Speziellen, ist auch ein großer Fan der Idee, dass ich mich mal mit jemandem unterhalte. Sie glaubt schon länger, etwas in mir schwelen zu sehen, und empfiehlt mir die Therapeutin einer Kollegin, Diplom-Psychologin Frau Görlich.

Telefonisch bekomme ich einen Termin für ein Casting. Ich bin sicher, dass Frau Görlich ein anderes Wort wählte, aber machen wir uns nichts vor, es ist eben doch eine Art Auswahlverfahren für eine Rollenbesetzung. Bin ich verkorkst genug, um ein Recht auf eine Therapie zu haben? Ist mein Lebenslauf steinig genug, um Hilfe zu beantragen? Diese Gedanken mache ich mir vor dem ersten Treffen. Ich ziehe sogar ein Themenoutfit in Erwägung, allerdings scheitert es am Kleiderfundus und vor allem an der nötigen Ahnung. Wie kleidet man sich denn, um möglichst psychisch hilfsbedürftig zu erscheinen? Und will ich überhaupt hilfsbedürftig wirken? Will ich nicht lieber hören, dass mit mir alles top in Ordnung ist?

Vermutlich gilt dieselbe Regel wie für alle anderen Castings auch: möglichst natürlich wirken! Sei ganz du selbst! Ich will so bleiben, wie ich bin! *Make the most of now!*

Völlig normal gekleidet, aber mit einer peniblen schriftlichen Auflistung meiner persönlichen Charakterschwächen und Probleme (ich neige dazu, wichtige Sachen zu vergessen. Ich bin eine von denen, die nach einem Streit nochmal anrufen: »Und was ich außerdem noch sagen wollte ...«) sowie einem kurzen Abriss der wichtigsten Ereignisse meiner Kindheit und Jugend gehe ich also zum ersten Psychocasting meines Lebens.

Ich habe keine altbackene, verklärte Vorstellung davon, wie eine Therapeutin aussieht. Ich bin schlau genug, um keine Couch zu erwarten oder eine ältere Dame mit Gleitsichtbrille und Notizblock. Ich bin modern und aufgeklärt und abgewichst.

Ich halte eine Therapie nicht für etwas, das es zu verheimlichen gilt, ich weiß, dass jeder zehnte Deutsche unter einer Depression oder einer anderen psychischen Krankheit leidet, ich weiß, dass die Seele genauso krank werden kann und darf wie der Magen oder die Blutgefäße, ich weiß, dass man bereit sein muss, sich völlig zu öffnen, wenn man Hilfe erwartet.

Völlig offen und energiegeladen erklimme ich die Wendeltreppe zu Frau Görlichs Praxis. Ein wenig zu energiegeladen vielleicht, denn mir wird schwindlig. Frau Görlich erwartet mich schon in der Tür: »Immer mit der Ruhe!«

Damit benennt sie schon die erste tragende Säule meines Mackenlebens. Ich bin ungeduldig. Sachen müssen schnell und ohne Wartezeit geschehen. Alles muss zackzack gehen. Ich kaufe Kleidung, ohne sie anzuprobieren, denn ich weiß, was mir steht und was mir passt, ich habe keine Zeit für Umkleidekabinen. Ich koche nicht. Nicht, weil ich nicht kann, sondern weil ich keinen Nerv für den Aufwand habe. Buffet ist meine liebste Art, auswärts zu essen, denn das Essen ist sofort verfügbar. Sollte doch mal das Rührei in diesen Aufwärmbottichen zur Neige gehen, werde ich nervös. Ich zahle immerhin für die totale Verfügbarkeit. Also sagen Sie dem Koch bitte, dass das Ersatzrührei schon bereitstehen sollte, wenn sich im Bottich eine Zweidrittelleerung ankündigt. Danke.

Diese Schnelligkeit geht durchaus nicht mit fehlender Leidenschaft einher. Ich liebe Kleidung, und ich liebe Essen. Aber schneller bedeutet für mich oft auch mehr. Mehr schöne Kleidung kaufen, und noch mehr wohlschmeckende Nahrung im Magen unterbringen. *Keine Zeit zu verlieren. Ich werd nicht länger warten.*

Etwas schwindelig sitze ich also vor Frau Görlich auf einem Ledersessel. Kein romantischer Opa-Ohrenledersessel, sondern einer dieser modernen, die wie das Haus der

Hexe Baba Jaga auf einem Fuß stehen und sich drehen lassen. Das ist sehr gut, denn ich bin zappelig. Ich muss immer irgendwas bewegen. In Wartezimmern beispielsweise wippe ich ganz leicht auf meinem Stuhl vor und zurück. In dem Ohrensessel hätte mein Wippen autistisch ausgesehen, ein Eindruck, den ich beim ersten Treffen nicht hinterlassen will, obwohl es mir vermutlich ziemlich sicher ein Ticket für den Recall bescheren würde. Aber ich will mit meinen echten Problemen beeindrucken, also drehe ich mich einfach nur ganz leicht im Drehsessel hin und her.

Frau Görlich hat riesige, freundlich stechende blaue Augen und ein enorm offenes Gesicht. Ich überlege, ob Psychologen in der Zulassungsstelle für Berufe, die mit Menschen zu tun haben, nach ihrem Aussehen ausgewählt werden. Falls ja, wundert es mich nicht, dass sie ihre eigene Praxis hat. Sie ist um die vierzig Jahre alt, hat einen hübsch geschnittenen, natürlich gewellten Kurzhaarschnitt, und überhaupt wirkt alles an ihr so natürlich, dass ich mir plump und verkleidet vorkomme.

»Frau Herrmann, warum sind Sie denn hier?«

Auf die Frage bin ich bestens vorbereitet, ich rattere wie eine Zwölfjährige, die einen uninteressanten Vortrag halten muss, meine aktuellen Problemchen mit mir selbst, dem geliebten Ex-Job, den doofen Nicht-mehr-Freunden und dem ungeliebten Noch-Freund herunter. Außerdem den gesamten Teil meines Lebens, den ich für psychologisch relevant halte: »Ich hatte eine eher doofe Kindheit mit einer unglücklichen Mutter, der hin und wieder die eine oder andere Ohrfeige rausrutschte. Dann war da noch mein sehr bemühter Vater, der mich in jun-

21

gen Jahren, in denen ich dringend ein wenig Liebe hätte gebrauchen können, lieber an die Perlen der Weltliteratur heranführen wollte. Meine Eltern sind außerdem geschieden, und ich habe einen angeheirateten Onkel, der mich als Kind auf eine Art ›lieb hatte‹, wie man ein Kind eher nicht lieb haben sollte, und mein sehr geliebter Großvater starb, als ich sieben Jahre alt war.« Etwas aus der Puste lehne ich mich zurück.

Ein kleines Potpourri an Stolpersteinen auf dem Entwicklungsweg eines gesunden jungen Menschen. Ich bin nicht sicher, ob ich damit überzeugen kann, lebe ich doch schon seit diversen Jahren mit dieser Vita. Es geht mir gut. Ich bin durch damit. Ist ja alles schon so lange her. Ich nehme an, dass die Der-*böse*-Onkel-Karte in dieser Aufzählung Trumpf ist, allerdings habe ich auch mit diesem Teil meines Lebens schon vor Jahren meinen Frieden geschlossen. Meine Sexualität scheint trotz allem gesund und problemlos, zu diesem hässlichen Teil meiner Familie hatte ich, wenn auch etwas spät, den Kontakt gänzlich abgebrochen. Etwas unsicher blicke ich noch einmal auf meinen Notizzettel, um sicherzugehen, dass ich nichts vergessen habe, und erwarte die erste professionelle Psychologen-Resonanz meines Lebens auf selbiges. Ich bin mit meiner Performance zufrieden und aufgeregt. Habe ich genug Mist im Rucksack, um weitere Audienzen gewährt zu bekommen? Reicht die Tatsache, dass ich eigentlich nur gerne weniger anstrengend sein möchte, aus, um eine Krankenkasse zu veranlassen, Frau Görlich hundert Euro pro Stunde zu zahlen? Oder habe ich Luxusprobleme? Schließlich bin ich nicht der einzige Mensch auf der Welt mit geschiedenen Eltern, anstrengenden Vätern und einem fragwürdigen Start in die Sexualität. Oder sind all die anderen auch in Therapie?

Frau Görlich sagt erst mal nichts.

Dann: »Atmen Sie mal richtig durch!«

Merkwürdig. Das mit dem Atmen scheint mir eigentlich eine der wenigen Sachen zu sein, die ich nun wirklich ganz gut allein beherrsche. Aber ich will folgsam und weniger aufmüpfig sein, also atme ich tief durch.

»Und jetzt atmen Sie mal in den Bauch!«

Gern, wenn mich das weiterbringt. Allerdings bin ich nicht sicher, was »in den Bauch atmen« bedeutet, ich habe im Moment auch eigentlich keinen Nerv für Atemübungen, ich will eine Diagnose. Ich wölbe den Bauch beim In-die-Lunge-Atmen einfach enorm weit aus meinem Körper heraus. Das kann ich gut, wie gesagt: Ich esse gern. Wenn es danach ginge, könnte ich auch überzeugend in den Hintern atmen, aber das wird nicht von mir verlangt.

Und dann sagt Frau Görlich endlich etwas Richtiges. Etwas überraschend Schlichtes. »Sieht so aus, als wären Sie zu oft alleingelassen worden.«

Ich habe grade noch genug Zeit, ein wenig enttäuscht zu sein über die Kürze dieser Diagnose, und dann fange ich an, zu weinen. Als ob in meinem Inneren irgendetwas aufgedreht wird, fließt es überraschend aus mir heraus. Ich schluchze los wie ein Kind. Alles in mir ist plötzlich klein und traurig. Eine nahezu beschämend große Woge von Weltschmerz rüttelt mich durch. Ich fühle mich wie ein Surfer, der unter einer Welle verbummelt geht. Überall Wasser, überall *viel*.

Und weil ich keine Zeit verlieren möchte, denke ich schon während der Überschwemmung hektisch darüber nach, wie ich so unter Wasser geraten konnte. Und verblüffenderweise habe ich keinerlei Ahnung. Ich gehe im Geiste alle akuten Probleme durch, um zu sehen, auf welchen Topf der nasse Deckel gehört. Aber keiner scheint zu passen. Die Vergangenheit wiederum ist so weit entfernt, dass ich auch hier keinerlei Übereinstimmungen fühlen kann, und deshalb weine ich einfach erst einmal weiter, ohne zu einem befriedigenden Ergebnis zu kommen.

Meine Versuche der Selbstanalyse sind aber eh vorauseilender Gehorsam, zumindest werden sie augenscheinlich nicht von mir erwartet. Frau Görlich sieht mich nur sehr ruhig an und reicht mir ein Taschentuch, und ich muss kurz lachen, weil es so herrlich klischeehaft ist, diese Kleenexbox in perfekter Reichweite, aber dann werde ich wieder untergetaucht in mein nasses Jetzt.

Es ist nicht so, dass ich leide. Ich empfinde keine Schmerzen. Weinen ist für mich immer ein großes leuchtendes Fest und eine enorme Erleichterung. Irgendwer hat mir mal erklärt, dass bei zu viel emotionalem Stress im Kopf Stoffe oder Fette oder andere Dinger im Überfluss produziert werden, die mit dem Tränenfluss hinausbefördert werden. Quasi eine Darmspülung für den Kopf. Danach ist man leer und ruhig und bereit für neue Scheiße. Aber auch, wenn ich gerne weine, will ich wissen, warum etwas geschieht, und das ist hier grade nicht der Fall.

Frau Görlich lässt mich mit weiterhin freundlich ruhigem Gesicht ausbluten.

Als in meinem inneren Spülkasten endlich wieder

die Spül-Stopp-Taste gedrückt wird, rutscht mir ein verschämtes »Huch« raus.

Frau Görlich lächelt, sagt aber immer noch nichts.

Der ungeduldige Kontrollfreak in mir sieht pflichtbewusst auf die Uhr, trocknet sich kurz ab und versucht, das Gespräch mit einem an die alte Eloquenz erinnernden »Und nun?« neu zu beleben.

»Atmen Sie noch einmal richtig durch!«

Also gut. Um Zeit zu sparen, tue ich von Anfang an so, als würde ich direkt in den Bauch atmen. Aber jetzt will ich Klartext. Was ist mit mir? Warum ist das passiert? Was geschieht nun? Habe ich bestanden? Kann man mir helfen?

Frau Görlich lächelt wissend. Ich hoffe blauäugig, dass sie mich zauberhaft findet, aber eigentlich weiß ich, dass sie meine Ungeduld belächelt. Schon wieder zu schnell gewesen.

Sie sagt sehr ruhig: »Beobachten Sie doch erst mal ein paar Tage, wie es Ihnen nach dieser einen Stunde geht. Und dann überlegen Sie, ob Sie sich vorstellen könnten, regelmäßig herzukommen. Ob Sie das Gefühl haben, dass ich die Richtige für Sie bin. So etwas ist sehr wichtig.«

Ich möchte am liebsten rufen: *Ja, ich will! Na klar, und ob ich will! Was fragen Sie denn noch! Wann soll ich kommen, und wann, denken Sie, werden wir mich geheilt haben?*

Meine jahrelange Erfahrung als Fernsehzuschauer verbietet mir allerdings diese Reaktion. Ich bin im Recall, das bedeutet aber noch lange nicht, dass wir ein Album zusammen aufnehmen werden. Lässigkeit ist die neue Ehrlichkeit, also sage ich »o.k.« und vermerke mir einen nächsten Termin, eine Woche später.

Ich lerne aus meinen Fehlern und steige die Wendeltreppe bedacht und in gemäßigtem Tempo hinunter.

Obwohl ich leer geweint, verwirrt und erschöpft bin, fühle ich mich auf der Straße ein klitzekleines bisschen wie in einem französischen Film unter der Regie eines nur mittelguten Hollywood-Regisseurs. Dramatisch, aber nicht düster. Ich gehe jetzt also zur Therapie. Soso. Hat ja gar nicht wehgetan.

In der folgenden Woche legt sich ganz langsam eine dumpfe Traurigkeit über mich, wie eine dieser muffligen, braunen Wolldecken mit Pferdekopf-Motiven. Ich fühle mich permanent irgendwie entzündet.

Während eines durchaus entspannten Einkaufsbummels mit meinem Freund wird mein Herz schwer, die Äuglein werden feucht, und ich beschließe, vorsichtshalber irgendwo einzukehren, um Kaffee zu trinken. Philipp und ich sitzen uns gewohnt schweigend gegenüber. Philipp raucht, ich rauche, wenigstens das vereint uns. Ich starte einen trägen Versuch, ihn an meinem Leben teilhaben zu lassen, und erzähle ihm von der Therapiestunde und meiner neuen Schwermut. Sein Interesse wirkt laienhaft geschauspielert, sein Blick kippelt hektisch zwischen meiner Stirn und irgendetwas hinter mir hin und her, er trommelt mit den Fingern auf der schmierigen Glasplatte unseres Tisches und erbricht, wie gewohnt, nur schlecht durchdachte Floskeln: »Naja, läuft ja nun mal grad nicht alles rund bei dir, lass doch erst mal sacken, morgen ist ja auch noch ein Tag.« Top Idee, du Flachpfeife. »Morgen ist ja auch noch ein Tag?«, keife ich. »Noch ein Tag, an dem ich den Grund für diesen schleichenden Schmerz einfach nicht finden kann!«

Es ist zum Mäuse-Melken mit Philipp. Ich glaube, wir haben uns irgendwie in einer Art Spiegelkabinett verirrt: Wir sind miteinander gar nicht mehr wir selbst, sondern immer nur eine schlechte Kopie von dem, was der jeweils andere gern sehen möchte. In panischen Versuchen, es mir recht zu machen, denkt Philipp überhaupt nicht mehr nach und quatscht nur noch Seifenopern-Mist. Ich wiederum bin zu trotzig, um noch gefallen zu wollen, und teste ihn ständig, in der Hoffnung, dass er doch noch irgendetwas Überraschendes an sich hätte, das ich lieben könnte, nur um herauszufinden, dass da einfach nichts ist.

Eigentlich Grund genug, um traurig zu sein. Und doch ist es das nicht. Ich versuche immer weiter, dieses stumpfe, stinkende Gefühl einzuordnen, mit meinem aktuellen Leben abzugleichen. Aber egal, an welches Puzzlestück meines Lebens ich es halte, ich finde einfach nicht das passende Gegenstück.

Ich mache mir Sorgen und bin frustriert, immer wieder schwirrt mir Frau Görlichs Satz »Sie wurden einfach zu oft alleingelassen« durch den schweren Kopf.

Und plötzlich komme ich dahinter: Ich tue mir leid! Ich bin traurig über mich. Ich bemitleide die kleine Karo, die von Mama mit einem Hausschuh den Arsch versohlt kriegt, weil sie ihr Bett nicht gemacht hat. Ich bemitleide die kleine Karo, die von Papa viel lieber Umarmungen als Literaturtipps bekommen hätte, und ich bemitleide die kleine Karo, die sich mit zwölf Jahren endlich traut, ihrem Onkel mitzuteilen, dass sie ab nun bitte lieber nicht mehr auf den Po geküsst werden möchte.

Unwillkürlich fange ich an, mich zu schämen. Selbstmitleid ist eine Trauer, die man nicht mit erhobenem Kopf tragen kann. Selbstmitleid ist nicht schick, es schmückt nicht, es ist hässlich und entstellt.

Und rechtzeitig, bevor ich vor Selbstmitleid darüber, mein Selbstmitleid nicht wie eine Krone tragen zu dürfen, wieder anfange, zu heulen, klopft schüchtern die nächste Erkenntnis an: Vielleicht bin ich nur wie ein oller Weisheitszahn. Ich habe die ganze Zeit leise unter einer Schicht Haut vor mich hin geeitert, und jetzt hat jemand die Wunde aufgeschnitten. Das schmerzt und eitert und stinkt erst mal vorübergehend noch stärker, aber nun befasst sich jemand mit dem Problem. Man wird die Wunde säubern und dann langsam ausheilen lassen. Es geht los! Der erste Schritt zur Besserung! *The first cut is the deepest.* Andererseits, was weiß Cat Stevens schon von so was.

Meine neu gewonnene Hoffnung wandle ich in blinden Aktionismus um und mache Hausaufgaben für die Seele, die mir niemand aufgegeben hat.

Ich möchte das Grab meines Opas besuchen.

Er war siebenundfünfzig Jahre alt, als er starb. Ich war damals sieben und weder auf seiner Beerdigung noch je an seinem Grab. Ich denke, ich war anfangs zu jung und später zu faul oder zu vergesslich.

Eigentlich eine schlimme Unverschämtheit, denn mein Opa war eine Wucht.

Aus Erzählungen weiß ich, dass er früher oft mit meiner Oma und Bekannten Strip-Poker gespielt hat. Vier Erwachsene, die nackig durch den Garten ihres Wochenendhauses gerannt sind! Seinen Kindern hat er oft Mutproben auferlegt und sie mit Geld bestochen. Meine Mama und ihr Bruder wurden genötigt, steile Berge hinunterzurollen oder sehr lange auf einem Bein zu stehen.

Im Sommer ist Opa, mit mir auf dem Fahrradkindersitz, durch die Wälder zur nächsten Kneipe gefahren und hat mir vom Krieg und der Natur erzählt. In der Schankwirtschaft angekommen, haben wir immer Bockwurst mit Kartoffelsalat gegessen, er bekam ein Herrengedeck,

ich Fassbrause. Wir haben zusammen Wildschweine be-
obachtet und Pilze gesammelt. Vor dem Schlafengehen
hat er mich in die dicke Daunen-Bettdecke eingewickelt
und erklärt, dass ich nun die Marmelade in einem Eier-
kuchen bin. Wenn ich die Schnittchen, die Oma mir zum
Abendbrot machte, nicht aufessen wollte, hat er sie hinter
Omas Rücken für mich gegessen.

Natürlich gibt es auch andere Perspektiven auf meinen
Opa. Meine Mutter lässt durchblicken, dass er als Vater
sehr streng und als Ehemann lieblos war, aber das sind
anderer Leute schlechte Erinnerungen, ich habe nur großartige. Und genau diese großartigen Erinnerungen machen mir regelmäßig ein schlechtes Gewissen, mich nie
vernünftig von ihm verabschiedet zu haben.

Also tue ich es jetzt. Eine Therapie zu machen bedeutet ja
schließlich, die Vergangenheit aufzurollen, sich mit alten
Geistern zu konfrontieren und was die Leute sonst noch so
sagen. Ich möchte all das auch, ich will gut sein, tapfer, das
Richtige tun, dahin gehen, wo der Schmerz und die Angst
sind. Auch wenn ich keine Ahnung habe, was genau das
bedeutet. Vergangenheitsbewältigung: und bitte!

Natürlich weiß ich nicht, auf welchem Friedhof mein
Opa liegt. Ich lasse es mir von Mama erklären, sie macht
eine Zeichnung. Das kann sie gut, ich wurde mit einer
Zeichnung der Gebärmutter aufgeklärt.

Ich fahre zum Friedhof und fühle mich unerwartet
wackelig auf den Beinen. Vielleicht weil es ein wenig so
ist, als ob ich Opa wiedersehen würde. Mich ihm nach all
den Jahren zeigen. Hier, Opa: So sieht die Marmelade aus
dem Bettdeckeneierkuchen mit sechsundzwanzig Jahren

aus. Auf der anderen Seite beschleicht mich plötzlich die Befürchtung, dass mein Körper vielleicht nur aufgeregt spielt und sich heimlich musikalische Untermalung von *Coldplay* wünscht. Weil es angebracht ist, sich in solchen Momenten mulmig zu fühlen. Ich schäme mich ein bisschen und versuche, vor mir selbst so natürlich wie möglich zu sein.

Trotz Mamas Zeichnung finde ich das Grab nicht. Von meiner normalen Ungeduld mal abgesehen, merke ich, je länger ich suche, dass etwas in mir hochkriecht, mich überraschen und übermannen will. Das lauernde Tier kann mich aber erst angreifen, wenn ich das Grab gefunden habe. Und so rumort es bedrohlich grummelnd in mir, bereit zum Sprung, während ich wie eine ältere Dame zitternd mit Mamas Zettel in der Hand jeden verdammten Grabstein auf dem Friedhof überprüfe.

Und dann finde ich es. Ein schlichter, großer Grabstein. Gold auf schwarzem Marmor Opas Name, Geburts- und Sterbedatum, und dann geht es los. Wenigstens bin ich nicht überrascht.

Das böse Tier hat sein *Go*, es ist Stage Time, die Vorband ist endlich weg, der Main Act darf zeigen, was er kann.

Und er kann. Ich breche sofort und heftig in Tränen aus. Ich weine laut und mit viel Rotze. Ich murmel verschiedene peinliche Floskeln, weil ich mit Opa kommunizieren will, unterbreche mich aber immer wieder, weil ich nicht weiß, wie das geht und ob ich überhaupt an so was glaube. Spricht man mit Toten, oder denkt man nur, was man sagen will, und hofft, dass es schon an der richtigen Adresse ankommt?

Ich bin frustriert und verunsichert, weil ich plötzlich

nicht mehr von meinen eigenen Intentionen und Gefühlen überzeugt bin. Weine ich aus echter Trauer oder aus
Selbstmitleid? Aus Sehnsucht? Oder weil die Leute das
im Fernsehen auch immer so machen? Will ich wirklich
kommunizieren? Oder will ich das nur, weil es doch, wie
Coldplay, so gut passen würde und so erwartet wird? Und
wenn ja, wer erwartet denn bitteschön was? Bin doch nur
ich hier.

Es ist zum Kotzen.

Während all dieser Überlegungen heule ich leidenschaftlich weiter. Denke Gedanken, die ich mir selbst
nicht glaube, und fühle Gefühle, die mich nicht hundert-
prozentig überzeugen.

Mein nächster Termin bei Frau Görlich, eine Woche nach dem ersten, beginnt sehr entspannt. Frau Görlich stellt mir frei, sie ab jetzt Anette zu nennen, so heißt sie nämlich mit Vornamen. Im Gegenzug würde sie mich dann Karo nennen, was ganz gut passt, weil das ja mein Vorname ist. »Natürlich nur, wenn du dich damit wohlfühlst«, sagt sie mit gewohnt ruhiger Ausstrahlung und nie blinzelnden blauen Augen. Ich weiß nicht, ob ich mich damit wohl-fühle, aber um Zeit zu sparen, sage ich: »O.k., Anette!« Ich betone dabei ihren Namen ganz besonders und lache ganz gezwungen zwanglos. Ich möchte entspannt-witzig rüberkommen, aber Anette lächelt nur wieder dieses Lä-cheln. Ich nehme mir vor, weniger rumzugagen und noch viel ehrlicher zu sein. Darum geht es hier doch schließlich. Sich nackig machen.

Als Anette fragt, wie es mir in der letzten Woche ergan-gen ist, erzähle ich überaus eifrig, wie traurig ich plötzlich die ganze Zeit über bin und welche Erkenntnisse ich dar-aus gewonnen habe. Ich bin stolz. Anette findet den Weis-heitszahn-Vergleich sehr gut, wundert sich nicht über die Traurigkeit und meint, dass wir mich eben an einem empfindlichen Punkt getroffen haben, den wir vorsichtig weiterverfolgen wollen. »Wenn du dir vorstellen kannst, diesen Weg mit mir zu versuchen«, sagt sie.

Ich wurde also angenommen! Anette glaubt, dass mir ein wenig Therapie ganz gut tun und helfen könnte. Wären wir bei einem richtigen Casting, würde ich jetzt meine Mama anrufen, und sie würde ganz laut durchs Telefon kreischen, und dann würden wir beide jubeln und auf und ab hüpfen. Aber ich hüpfe nicht auf und ab, sondern kläre mit Anette erst einmal ein paar administrative Angelegenheiten. Wir bereiten diverse Unterlagen für die Krankenkasse vor, bei der wir eine Kurzzeittherapie von fünfundzwanzig Stunden beantragen, und einigen uns darauf, dass ich erst mal nur unregelmäßig kommen kann, weil sie zurzeit keinen festen Termin frei hat. Sie erklärt mir, dass alles seine Zeit braucht, vor allem die Beschäftigung mit der Seele. Dass man nicht einfach nur ein wenig schraubt, und dann läuft die alte Karre wieder. »Alte Verhaltensmuster und Ängste sind sehr fest in einem Menschen verankert«, sagt sie. »Schließlich tragen wir sie seit Jahren mit uns rum. Man wird sie nie loswerden können, aber man lernt, viel besser mit ihnen umzugehen.« Jaja, denke ich. Wir kriegen das schon hin, kann so schwer ja nun auch nicht sein, schließlich bin ich doch total bereit und aufgeklärt und offen.

Die nächsten Wochen verlaufen unspektakulär. Ich habe nach wie vor nicht viel zu tun, außer in der Kneipe die unbeliebten Schichten zu übernehmen und mich leidenschaftlich über meinen Freund zu ärgern. Ich bin weiterhin oft traurig, aber nicht mehr ganz so beunruhigt, schließlich weiß ich jetzt, weshalb: Ich bin ein entzündeter Zahn. Und ich bekomme nun professionelle Hilfe.

Anette und ich reden in den nächsten Therapiestunden viel, lernen mich noch besser kennen, ich erzähle detaillierter von früher und sehe dank Anette ein paar wiederkehrende Muster, rote Linien, die sich durch mein Verhalten ziehen. Sie glaubt, dass ich Angst vor dem Alleinsein habe und ein fehlendes Selbstwertgefühl. Als ich ihr davon erzähle, dass ich mich wegen meines Selbstmitleids schäme, wird sie energisch: »Und was bitte ist daran so schlimm, Karo? Traurig über sich selbst zu sein, über die eigene Situation, die eigene Vergangenheit?« Ich wurde überführt, will mich aber dennoch wenigstens erklären: »Ich weiß nicht. Es fühlt sich falsch an. Selbstmitleid haben doch nur selbstbezogene, doofe Menschen.« Anette sieht mich mit einem besonderen Blick an. Er sagt: »Karo, das ist Quatsch, und du weißt es.« Sie findet, dass ich das Recht auf Trauer habe und dass ich mich zu oft rechtfertige und meine Gefühle unter Wert verkaufe.

Wenn ich aus den Stunden herauskomme, schwirrt mir der Kopf immer sehr. So viele Ansätze, so viele Muster, so viele Möglichkeiten. Und alle ergeben Sinn, aber die wenigsten kann ich spüren, emotional verstehen oder nachvollziehen. Dabei will ich doch so gern einfach nur vorankommen.

Trotzdem bin ich ganz verliebt in mein *In-Therapie-Sein*. Ich glaube fest an das Prinzip: Leiden für den Erfolg, bin zuversichtlich und rede viel mit Freunden, von denen sich sogar ein bis zwei als alte Hasen auf diesem Gebiet entpuppen. Wir veranstalten stundenlange Hobbypsychologentreffs.

Zu guter Letzt denke ich irre viel über mich nach, um einen schnellstmöglichen psychotherapeutischen Erfolg herbeizuführen.

Ich mache im Grunde genommen alles falsch.

Philipp und ich haben uns vor zwei Jahren auf einem Medientreff kennengelernt, den meine Agentur organisiert hat. Auf einem Medientreff passiert genau das, was das Wort verspricht: Medien treffen sich. Arbeitslose Schauspielerinnen und unbekannte Jungmoderatoren (die richtigen A-Promis wissen längst, dass ein Medientreff nur ein träges Schaulaufen armseliger Würste ist, die zu den richtig großen Events nicht eingeladen werden, und kommen daher nur, wenn sie etwas wirklich dringend zu promoten haben) treffen auf schamlose Klatschreporter, die auch wissen, dass niemand Interessantes da ist, und sich einfach nur über das Buffet und die kostenlosen, gesponsorten Getränke freuen. Genau der Grund, warum ich immer so gern bei diesen Veranstaltungen bin. Man kann immer das neuste Fun-Getränk ausprobieren.

Philipp und ich trafen uns sehr klassisch, nämlich an der Bar. Ich bestellte das dritte kostenlose In-Getränk und stand kurz vor einer Eruption, weil die Bar-Praktikantin Schnelligkeit für weniger nötig hielt als ich. Philipp stand neben mir, machte irgendeinen höflichen Witz und nahm mir damit den Wind aus den Segeln. Wir kamen ins Gespräch, standen ein wenig zusammen rum und nippten an unseren Gläsern. Da ich kein besonders guter Small-talker bin, verabschiedete ich mich, bevor es klemmig werden konnte, mit den äußerst originellen Worten: »Ich geh mir mal jemanden zum Ficken suchen. Es wäre nett, wenn du auch die Augen nach interessanten Typen auf-hältst und mir später Bescheid gibst!«

Philipp antwortete weniger beeindruckt, als ich erwar-tet hatte: »Na klar. Ich mach 'ne Liste, und wir treffen uns in genau einer Stunde wieder hier an der Bar!«

Das gefiel mir gut, und so flanierte ich eine Stunde später wieder zur Bar. Ich konnte Philipp nicht sehen und bestellte deshalb, vermutlich eine Übersprungshandlung, ein weiteres klebriges Mist-Getränk. Nach dem vierten Glas ist Döner-Red-Bull nur noch halb so viel Fun.

»Na?« Da war er wieder.

»Selber: Na! Jemanden für mich gefunden?«

»Leider nur einen!«

»Und? Wen?«

Sehr souverän zeigte er auf sich selbst.

Oh. Dachte ich. Und sagte: »Oh.«

Da hatte mich wohl der Gag beim Um-den-Baum-Rennen von hinten eingeholt. Ich freute mich über diese neue Option. Es ist nicht so, dass ich aktiv auf der Suche war, aber in Beziehungen zu sein, fand ich schon immer toller, als es nicht zu sein, und ich war es grade nicht, also passte da wohl der Arsch der Gelegenheit auf meinen Eimer.

Und so redeten wir, so sicherheitsfetischistisch wie aufgeregt, um den noch sehr heißen Brei herum und tauschten ein paar grundlegende Informationen über einander aus: Philipp war sechsundzwanzig, zwei Jahre älter als ich, und studierte Mediengestaltung. Er kommt ursprünglich vom Dorf und wohnt in einer Zwei-Zimmer-Butze in der Nähe. Philipp liebt den künstlerischen Aspekt an seiner Ausbildung und malt in seiner Freizeit. Ich habe keinerlei Ahnung von Mediengestaltung im Allgemeinen und Kunst im Speziellen, aber was ich nicht kenne, finde ich über die Maßen reizvoll. Nach zwei weiteren Wodka-Bolognese tranken Philipp und ich Wodka pur und besprachen den weiteren sexuellen Verlauf des Abends. Keiner von uns beiden war sicher, wie ernst es der andere meinte, aber keiner warf das Handtuch, also landeten wir in einem Taxi und schließlich in seiner Wohnung.

Es folgten alkoholschwangerer, halbgarer Sex und ein sehr angenehmes Miteinander-Einschlafen. Von der ersten Nacht an funktionierte das am besten zwischen uns: miteinander einschlafen. Unsere Körper waren wie für die Löffelstellung getischlert, unsere Ärsche passten perfekt in den Bauch des anderen.

Es kam wenig überraschend: Ich verliebte mich in den Gedanken, verliebt zu sein, Philipp zierte sich ein paar Wochen lang, um sich dann schließlich auch in das Verliebtsein zu verlieben.

Wir wurden ein Paar und stritten schon nach sehr wenigen Wochen regelmäßig und heftig. Sehr schnell störten mich tausend Kleinig- und Großigkeiten: das Rotze-Hochzieh-Geräusch, das Philipp im Bad machte, und seine ausgeprägte Eitelkeit. Wenn ich sprach, hörte Philipp nie richtig zu. Er zappelte immer nervös herum und blickte gehetzt in alle möglichen Ecken des Raumes, nur nie in mein Gesicht. Ich hatte immer das Gefühl, beim Reden gejagt zu werden. Auf der anderen Seite forderte er aber völlige Aufmerksamkeit, wenn er von sich sprach. Und er sprach viel. Dauernd gab es etwas zu meckern und zu hassen. Mit Philipp konnte man nie lästern, denn zum Lästern gehören Spaß und ein schamvolles Grinsen. Aber Philipp schämte sich nicht, und er hatte keinen Spaß. Philipp hasste. Wir sprachen wenig über mich. Das liegt auch daran, dass ich ungern ungefragt über mich spreche. Ich mag es gern, wenn man mich fragt, wenn jemand wirklich interessiert ist, und selbst dann rede ich recht schnell und komme möglichst zügig auf den Punkt, um mein Gegenüber nicht zu langweilen. Und Philipp fragte eben einfach nicht. Am liebsten sprach er über sich. Einmal habe ich während eines Telefonats mit Philipp masturbiert. Ich fand das sehr aufregend, weil er nicht wusste, was ich tat, während er sprach, und sehr romantisch, weil ich ja schließlich dabei seiner Stimme lauschte. Nachdem ich lautlos gekommen war, sagte ich es ihm. Philipp war sauer. Philipp war ernsthaft einge-schnappt, weil ich ihm »dann ja wohl überhaupt nicht zugehört« hätte.

Natürlich haben wir auch gute Zeiten, oder spielen uns gute Zeiten vor, aber eigentlich stolpern wir seit zwei Jah-ren nebeneinanderher. Jeder von uns beiden hofft, dass es mit der Zeit einfach besser werden muss, und jeder findet, dass man zwei Jahre doch nicht »einfach so wegschmei-ßen« sollte.

Alles, was ich will, sind liebevolle Gefühle, Geborgen-heit, klassisches Für-einander-da-Sein, eine Homebase, ein Nest. Und im Grunde will Philipp wohl genau dasselbe. Die leidenschaftliche Begierde danach vereint uns. Nur passt sonst, außer unseren Körpern beim löffelnden Einschlafen, irgendwie nichts wirklich gut ineinander.

Anette richtet nie über mich und Philipp. Ich wünsche mir natürlich sehr, dass sie es täte. Also dass sie über Philipp richten würde. Ein mitfühlendes »Karo, ich verstehe nicht, wie du das aushältst. Eine so tolle junge Frau wie du hat etwas Besseres verdient. Jemanden, der dich auf Händen trägt. Aber der Typ ist ja wohl völlig selbstsüchtig!«, fände ich durchaus angebracht.

Aber so ist sie nicht. Wenn ich regelmäßig rumjammere, sagt sie eher: »Ihr reibt euch aneinander wund.« Oder: »Philipp ist halt völlig verunsichert.« Oder: »Ich glaube, Karo, du möchtest, dass alle Menschen so sind wie du.«

Spätestens da muss ich eingreifen: »Anette, ich bin hier, weil ich mich doof und unzumutbar finde, ich will auf keinen Fall, dass mein Umfeld genauso ist wie ich!« Aber sie meint meine extrem hohen moralischen Erwartungen an andere. Da könnte sie recht haben, denn hier bin ich der Fanclubleiter des kategorischen Imperativs.

Aber die Menschen sind nun mal nicht alle gleich. Was mir richtig erscheint, ist in fremden Augen völlig doof und falsch. Lehrt mich Anette. Ich soll lernen, zu akzeptieren, dass andere Menschen anders sind. Puh. Kann ich nicht, will ich nicht. Ich kann akzeptieren, dass andere Menschen tatsächlich gern Pizza mit Ananas essen oder R'n'B mögen oder Drogen nehmen. Aber dass sie Freunden nicht zuhören können oder wollen, unbeirrbar pessimistisch sind und nicht bereit, zu geben, was sie nehmen, akzeptiere ich nicht. Das ist einfach *falsch*. Nicht ein alternatives Lebensmodell oder ein anderer Geschmack, sondern schlicht und einfach eine Unverschämtheit. Etwas, wofür man sofort den gummibehandschuhten Finger der Karmapolizei im Arsch verdient. Nur, dass ich mir bis heute nicht sicher bin, ob es die Karmapolizei wirklich gibt. Vermutlich fehlen dafür einfach die öffentlichen Mittel.

Philipp ist verreist. Er ist bei seinen Eltern auf dem Dorf und kommt heute zurück. Philipp ist immer besonders schrecklich, wenn er in seiner alten Heimat war. Dort ist er nämlich was Besonderes. Der Typ, der es geschafft hat, der in der Großstadt wohnt, was mit Medien macht, auf Partys mit C-Promis irgendwas mit Elektrolyten drin trinkt und ein Künstler ist. Ich frage mich, ob die ganzen alten Freunde wissen, dass Philipp nur mittelmäßige Graffiti an öffentliche Verkehrsmittel sprüht. Ich fürchte, sie wissen es und pullern sich trotzdem oder gerade deswegen fast ein vor Respekt. Weil das irgendwie so krass ist wie New York in den Achtzigern. Als ob sie wüssten, wie New York in den Achtzigern war.

Philipp bekommt in seiner alten Heimat das, was er hier auch gerne hätte: Anerkennung und Respekt. Kein Wunder, von mir gibt's das nämlich nicht. Dementsprechend glasige Augen hat Philipp dann immer bei seiner Rückkehr.

Heute ist wieder so ein Tag. Ich hole Philipp vom Zug

ab, und ich freue mich tatsächlich auf ihn. So fünf philippfreie Tage machen immer, dass mein Herz glaubt, ihn doch irgendwie zu mögen. Dass wir uns nur mehr Mühe geben müssen miteinander. Dass zwei Jahre doch keine Lüge sein können und dass ich mich vielleicht auch einfach ein bisschen am Riemen reißen muss. Akzeptieren, dass Philipp anders ist. Nicht schlecht, nur anders.

Ich fühle mich plötzlich sehr großherzig und schlau. Schließlich weiß ich die Ratschläge meiner Therapeutin umzusetzen und scheue auch nicht davor, mich selbst zu maßregeln. Diese neue Karo ist für mein Hirn natürlich erst einmal verwirrend. Mein zentrales Nervensystem gerät bei der Weiterleitung der notwendigen Information kurz ein wenig ins Stocken, tut dann aber, als ob nichts wäre, und leitet die Lüge weiter an meine Augen, die sofort voller Amore sind.

Die Einfahrt von Philipps Zug wird angekündigt, und ich bekomme eine SMS: »BIN IN 5 MINUTEN DA, FREU MICH AUF DICH, SÜSSE!« Kuck mal an, Philipp spielt auch Vorfreude. *Alte Ratte!*, schimpfe ich mich. Vielleicht freut er sich wirklich auf dich. Ich schäme mich ein bisschen, und pünktlich mit Philipps Zug fahren auch wieder liebevolle Gefühle in den Bahnhof meines Herzens ein.

Viele Menschen steigen aus. Aber wo bleibt Philipp? Es ist wie mit den Koffern am Flughafen: Meiner kommt immer zuletzt. Dabei muss man nur früh genug von seinem Sitzplatz aufstehen, und, zack, kann man als einer der Ersten verstrahlt auf den Bahnsteig plumpsen. Stattdessen lässt sich Philipp Zeit, egal ob sein Mädchen zwischen tausend Reisenden auf dem Bahnsteig wartet. Ich versteh das nicht. Ein bisschen Mitdenken finde ich nicht zu viel verlangt.

Endlich entdecke ich meinen Freund. Er sieht angepisst aus. Und plötzlich möchte ich am liebsten schnell wieder weg. Egal wohin. Notfalls mit dem Teenager neben mir. Komm, kleiner Mann, lass uns zu dir nach Hause gehen. Wir können Bushido hören oder ein brutales Videospiel spielen.

Philipp hat schon wieder irgendetwas mit Leidenschaft gehasst. Seine Miene verdüstert sich noch mehr, als er mich entdeckt, vermutlich, weil er glaubt, in mir jemanden gefunden zu haben, dem er den Hass mitteilen kann. Aber ich möchte nicht diejenige sein. Ich will in den Arm genommen und lieb gehabt werden. Nichts, was einem auf einer Zugfahrt passieren kann, ist schlimm genug für dieses *Gesicht*!

»Mann, es ist zum Kotzen! Ich musste die halbe Fahrt neben einem Typen sitzen, der Mundgeruch hatte!« Krass. »Außerdem hat der Wichser die ganze Zeit die BILD gelesen. Weiß doch jeder, dass das ein Nazi-Verein ist. Neben so was will ich nicht sitzen. Aber war sonst kein Platz frei. Typisch Deutsche Bahn, blöde Kapitalistenschweine!« There we go. Philipp ist wieder da. Aber ich bin sehr verständnisvoll heute. »Liebster, zumindest musstest du nur die *halbe* Fahrt neben dem Typen sitzen«, versuche ich zu scherzen. »Und ich hab mir heute extra die Zähne geputzt für dich. Kein Mundgeruch für den Rest des Tages, kuck!« Ich puste ihm ins Gesicht und spitze danach die Lippen für einen längst fälligen Kuss. Philipp verzieht die schlechte Miene zum guten Spiel nicht und haucht einen flüchtigen Kuss in die Nähe meines Mundes.

»Soll ich dir eine Karte von meinem Gesicht zeichnen, damit du das nächste Mal zielsicherer triffst?«, maule ich. Ich versuche, dennoch irgendwie liebenswert eingeschnappt zu klingen. Unsere einzige Chance, sonst hätte ich ihm schon lange eine gezimmert.

»Och, Baby, jetzt sei nicht beleidigt, schließlich habe ich eine superlange Fahrt hinter mir, und dieser Idiot hat echt gestunken, und im Bistro gab es wieder keinen schwarzen Tee mehr.«

Ich reiße mich zusammen: »O.k. Es tut mir leid, dass deine Fahrt nicht besonders schön war, aber es ist jetzt auch nicht dein persönliches Waterloo, dass der Typ kein Faible für Mundhygiene hatte. Jetzt bist du ja da, und ich hab mich auf dich gefreut! Lass uns was essen gehen.«

Philipp zieht nach wie vor eine Fresse, landet aber immerhin einen Dreivierteltreffer beim nächsten Kussversuch.

Wir fahren zum »besten Italiener der Stadt« (mein O-Ton, denn Philipp kann nicht verstehen, was ich an dem finde. Er hat schon bessere Nudeln gegessen. Natürlich.) und setzen uns in eine dunkle Ecke des eh schon schummerigen Lokals.

Wir bestellen, wir essen und wir reden. Über Philipp. Und die Deutsche Bahn. Und über Philipp. Und darüber, wie *ziemlich cool* es alle fanden, ihn mal wiederzusehen in seiner Heimat. Und wie zurückgeblieben alle aus seinem Dorf sind. »Ich meine kulturell«, sagt Philipp. Ich stecke sehr viele Nudeln in den Mund, um nicht zu kotzen. Aber irgendwann sind die Nudeln alle, und ich befürchte, dass sie meine Geduld mitgenommen haben. Ich erinnere Philipp freundlich daran, dass er selbst vom Dorf kommt.

»Was soll das denn bitte heißen, Karo? Ich wohne immerhin schon seit sieben Jahren in der Stadt und hab mich, im Gegensatz zu denen zu Hause, weiterentwickelt.«

»Du hast dich in eine andere Richtung entwickelt, woher willst du wissen, ob deine Freunde sich nicht auch verändert haben. Vielleicht können die inzwischen alle super Mähdrescher fahren, oder was die da machen.«

»Aber das ist doch nicht dasselbe! Keiner von denen weiß, was *Tagging* oder ein *Masterpiece* oder *Fill-ins* sind.«

»Aber das weiß ich auch nicht, und du findest mich doch trotzdem eigentlich ganz o.k.«

»Aber das ist doch wie Äpfel mit Birnen vergleichen, Karo!«

»Vergleich mich bitte nicht mit einer Birne, ich habe einen top Hintern!«, scherze ich. Aber es ist nur ein lahmer Versuch, mich selbst vor dem Durchdrehen zu bewahren. Ich bin sauer. Genervt und enttäuscht. Ich hatte jeglichen Rest von Romantik in mir zusammengekratzt. Wollte diesmal alles anders machen. Weniger von Philipp erwarten, ihm mehr zugestehen und vor allem das bisschen Sehnsucht nach ihm in positive Beziehungsenergie umwandeln. Schönes Essen, vielleicht Kino, später o.k.-en Sex leidenschaftlich verpacken und löffelnd einschlafen. Ein Mini-Neuanfang. Ich will wieder lieb sein. Dann muss Philipp das doch auch wollen. Ich mache keinen Mist, er im Gegenzug auch nicht. So sollte das laufen. Aber seit zwei Stunden läuft es so, dass ich keinen Mist mache, Philipp dafür doppelt so viel. Und da spiele ich nicht mehr mit.

»Philipp, seit ich dich vom Bahnhof abgeholt habe,

ziehst du eine Fresse Galore. Du bist nur am Meckern. Alles ist *wie immer* scheiße, alle sind *wie immer* gegen dich. Kannst du nicht einfach mal runterkommen? Können wir nicht einfach ein bisschen knutschen und uns über die Anwesenheit des anderen freuen?«

»Du hast doch angefangen, zu diskutieren!«, nölt Philipp.

»Aber nur, weil das blöder regionalrassistischer Scheiß ist, den du da erzählst. Und wenn dir die Leute da so zuwider sind, warum fährst du dann immer wieder hin? Weil du dir da einen kostenlosen Hirnfick holen kannst. Die Gewissheit, dass du nicht völlig blöde und talentfrei bist, denn da gurken Menschen rum, die noch weniger berühmt sind als du. So was ist narzisstische Scheiße!«

»Eine Grappa auf die Hausse, bella Karo?«, fragt Rosario, mein Lieblingskellner mit dem fehlenden Gespür für brenzlige Situationen.

»Nein danke«, brummen Philipp und ich gleichzeitig. »Aber die Rechnung bitte.«

Wir fahren ins Kino. Wir sind irrsinnig genervt voneinander, fern jeglicher Romantik, aber wir fahren ins Kino. Wie immer tun wir so, als wenn alles seine Richtigkeit hätte. Ich blicke verkniffen auf die Straße, und Philipp zappelt eingeschnappt mit den Beinen. Ich möchte eigentlich gern gefragt werden, wie *meine* letzten fünf Tage so waren, oder ob ich noch immer so merkwürdig traurig bin, oder ob ich das Gefühl habe, dass es mit Anette vorangeht, aber womit Philipp das angestrengte Schweigen bricht, ist: »Was für ein Wichser!« Er meint einen Radfahrer, der bei einem Spurwechsel ein wenig zu nah an mein Auto kommt. Und dann drehe ich ganz ruhig um. Ich wende vorschriftsmäßig, lasse alle Fußgänger passieren, mache einen Schulterblick und fahre einfach wieder zurück.

»Was tust du?«

»Ich fahre nach Hause.«

»Warum? Wir wollten doch ins Kino.«

»Nein, Philipp, wollten wir nicht. Wir wollten ins Kino *wollen*, aber wir hassen uns grad, und ich habe einfach keine Lust mehr auf dich und deine Dreckslaune, dein dummes Gemeckere über die Fehler von anderen, das dir im Grunde nur das Gefühl geben soll, dass deine eigenen nicht so schwer wiegen. Ich habe mich wirklich auf dich gefreut, dachte, dass wir, wenn wir uns mal zusammenreißen, einen schönen Abend haben könnten und dass es vielleicht bergauf gehen könnte mit uns. Aber du kotzt mich grade an und machst mir schlechte Laune, und deshalb will ich jetzt nach Hause.«

Philipp ist entrüstet: »Dir kann man es nie recht machen. Du meckerst immer nur an mir rum, alles, was ich mache, ist falsch und gefällt dir nicht.«

»Alles, was du machst, ist rumkotzen! Hassen! Und nein, das gefällt mir nicht. Ich ertrage deinen Pessimismus nicht. Du ziehst mich runter! Ich dachte immer, *ich* wäre schon eine Meckerliese, aber *du* übertriffst mich bei weitem! Dir geht es doch gut. Du kannst deine Miete zahlen, hast ein Studium, das dir Spaß macht, und ein Hobby, das dich, auch wenn ich es nicht kapiere, ausfüllt. Was zum Teufel willst du mehr?«

Wir sind bei mir angekommen, ich parke ein und steige aus.

»Und was nun?«, fragt Philipp.

»Nichts was nun. Ich gehe hoch, und du nach Hause.«

»Wie soll ich von hier denn wegkommen?«

»Dies ist eine Großstadt. Es fahren Busse und Bahnen und Taxen und sogar affige Rikschas!«

»Aber wir wollten doch ins Kino!«

Für einen kurzen Moment habe ich Angst, dass ich unsere Auseinandersetzung nur geträumt hätte. Vielleicht hab ich das alles nur *gedacht*, während Philipp lauter charmante und gutgelaunte Sachen zu mir gesagt hat. Und jetzt ist er ganz verwirrt, weil ich gar nicht zum Kino, sondern nach Hause gefahren bin.

»Du hast nichts von dem, was ich eben gesagt habe, wirklich verstanden, oder?«, frage ich rhetorisch. »Ich will dich jetzt nicht mehr sehen. Vielleicht sollten wir uns mal eine ganze Weile nicht mehr sehen! Wir sind nicht gut füreinander«, sage ich und schließe meine Haustür auf. Wie Philipp das sieht, ist mir egal, ich drehe mich nicht noch einmal um. In meiner Wohnung angekommen, ruft er mich an. Ich nehme nicht ab. Ich bin ernsthaft wütend. Und erleichtert. Und stolz auf mich.

Später schicke ich noch eine SMS: »WIR SOLLTEN UNS EIN PAAR WOCHEN NICHT SEHEN, ICH KANN NICHT MEHR, WIR MACHEN EINANDER NICHT GLÜCKLICH, UND DAS KANN ICH ZURZEIT NICHT GEBRAUCHEN.«

Ich habe halb Schluss gemacht.

War gar nicht so schlimm, denke ich noch im Bett und warte auf den unvermeidlichen Schmerz.

Aber der kommt nicht.

Auch die nächsten paar Tage lässt Gevatter Trennungsschmerz auf sich warten. Ich bin zunächst sehr euphorisch und erwische mich dabei, Songs von Gloria Gaynor zu summen.

Ich gehe zu Anette, erzähle laut und schnell, wie fortschrittlich ich bin, dass ich mich endlich getraut habe, die Angst vor dem Alleinsein zu überwinden, schließlich habe ich so gut wie Schluss gemacht mit Philipp, und es ist gar nicht schlimm. »Ich glaube, ich bin doch nicht so verkorkst, wie ich dachte!«, schließe ich meinen Monolog stolz.

»Karo, du bist überhaupt nicht *verkorkst*. Du hast nur ganz normale Ängste und konfrontierst dich jetzt seit Jahren zum ersten Mal langsam mit ihnen. Und was genau bedeutet bitteschön, *so gut wie* Schluss gemacht?«

Ein wenig schwesterliche Anteilnahme, im Sinne von »Hey! Super! Den Arsch biste endlich los!«, hätte ich mir schon gewünscht von Anette. Stattdessen muss ich meine Trennung rechtfertigen. Ich erzähle von meiner SMS und davon, dass seitdem Funkstille zwischen uns herrscht und dass mir das fast gar nichts ausmacht.

Anette sieht mich auf diese Anette-Art an. Ruhig, aber wissend. Und mir dämmert was. Bevor die Sonne der Erkenntnis aber richtig aufgehen kann, ist unsere Zeit vorbei. Ich scherze irgendwas Mittelwitziges zum Abschied, ernte dafür einen »Weniger Witze, mehr Gefühle«-Blick von Anette und laufe mit rotem Kopf aus der Praxis.

Draußen atme ich durch (in die Lunge, nicht in den Bauch) und zünde mir eine Zigarette an. Und dann geht sie auf, die Sonne: Ich habe gar nicht Schluss gemacht mit Philipp. Auch nicht *so gut wie*. Ich habe die Hintertür offen gelassen. Sperrangelweit. Für mich. Ich kann jederzeit zurücklatschen. Kein Wunder, dass ich nicht traurig bin.

Und schwupps, fängt er an, mir zu fehlen. Der doofe Philipp.

Scheiße.

Ich bin ziemlich gut im Interessantsein, aber nicht so gut im Interessantmachen. Also, mich interessant machen. Im Sinne von: mich rar machen. Ich bin so was von *da*, präsent, allgegenwärtig in meinem Kopf, dass ich einfach nicht so tun kann, als wäre ich es nicht. Auch nicht vor anderen. Ich bin großer Fan vom »Ruf ihn nicht an, und er wird sich melden«-Spiel, aber eben auf die gleiche Art wie ich Fan von Leuten bin, die jonglieren können: Ich finde es toll, aber ich beherrsche es selbst nicht. Und bin zusätzlich auch noch zu ungeduldig, es mir beizubringen. Ich will Erfolge. Sofort.

Wäre ich nicht so ungeduldig, könnte ich vermutlich springreiten, singen und sehr belesen sein. *You can get it if you really want.* Ich *wante* vermutlich nicht *really* genug. Auf der anderen Seite *wante* ich zumindest genug, um ordentlich unzufrieden zu sein, es nicht zu *getten*.

Die jetzt schon fünf Tage andauernde Fast-Trennung von Philipp gefällt mir inzwischen nicht mehr so gut. Ich fühle mich irgendwie heimatlos ohne ihn. Ich will wissen, was er macht, ich will, dass er weiß, was ich mache. Aber er meldet sich nicht, das heißt, dass er entweder das

Spiel sehr gut beherrscht oder dass er unseren Abstand ganz gut findet. Aber das kann es ja nun unmöglich sein.

Ich beschließe einen unverfänglichen Telefonanruf.

»Hallo?«, fragt Philipp unbekümmert ins Telefon.

»Hallo!«, sage ich sehr bemüht unbekümmert zurück.

»Na?«

»Na?«

Läuft doch super bisher. Ich bin ein Idiot.

»Wie geht's dir?«, frage ich nicht mehr ganz so unbekümmert, schließlich soll hier kein falscher Eindruck vermittelt werden.

»Ganz gut so weit. Ich habe grad Besuch. Ich koche für Jenny und Isa.«

Hey, cool.

»Hey, cool! Dann geht's dir ja wohl echt ziemlich gut. Wenn du schon scheiß Damenbesuch empfangen kannst und sogar kochst für die Ladys. Dann ist ja alles top bei dir!«

Huch, kurz laut geworden.

»Karo …«, mault Philipp. »Komm schon. Wir lernen zusammen, und ich hab was zu essen gemacht. Du weißt genau, dass mit den beiden nichts geht.«

Ja, das weiß ich genau. Jenny und Isa sind Kommilitoninnen von Philipp. Nett und unspektakulär. Aber das ändert nichts daran, dass ich neidisch bin. Nicht eifersüchtig, sondern neidisch. Missgünstig. Ich gönne den beiden Hühnern nicht, dass sie Zeit mit Philipp verbringen dürfen. Dass sie in seiner Nähe sein und ihn riechen können. Dieser Geruch ist für *meine* Nase. Seine schlechte Laune ist für mich! Wobei er vermutlich sehr charmant ist zu den beiden Perlen. Ist er nämlich immer zu anderen. Philipp wird sehr gern gemocht.

Ich bekomme Angst. Philipps Leben läuft einfach weiter! Er klingt erschöpft am Telefon, aber nicht traurig. Nicht so, als wenn ich ihm fehlen würde. Hilfehilfehilfe.

»Du fehlst mir«, Babystimme ist mein Notfallplan.

»Ach, Karo ...«

Ach, Karo ... was? Du fehlst mir auch? Komm sofort her und löffle mit mir? Heirate mich? Ich werde mich für dich ändern, und wir werden endlich glücklich sein? Ich warte geduldig zwei bis drei Sekunden, damit er sich für eine meiner imaginären Möglichkeiten entscheiden oder mich mit etwas anderem überraschen kann. Im Hintergrund gackern die Mädels.

Kommt garnix mehr von ihm. Ich werde panisch.

»Fehle ich dir denn gar nicht?«

»Doch Karo, aber ...« Ich kann die blöden drei Pünktchen förmlich hören. Pünktchen, die bedeuten, dass die Worte, die danach kommen, ordentlich zwiebeln werden. Ich höre also Punkte und gackernde Achtsemester und muss plötzlich dringend aufs Klo. Immer wenn ich nervös werde, muss ich aufs Klo. Deshalb nennt man das wohl nervösen Darm.

»Aber was?«, frage ich sehr ruhig. »Musst du den Mädels erst noch den Nachtisch machen?«

»Karo, bitte. Lass uns morgen in Ruhe telefonieren.«

»Nein! Ich will nicht morgen in Ruhe telefonieren. Ich will jetzt telefonieren. Ich will wissen, was mit uns ist!«

»Karo ...« Philipp hat in den letzten drei Minuten meinen Namen öfter gesagt als in den vergangenen zwei

Jahren. »Ich kann jetzt nicht. Ich habe Besuch. Ich rufe dich in zwei Stunden nochmal an, ja?«

»Vielleicht schlaf ich dann aber schon.« Ziemlich lässig, Karo. Trotz kommt immer enorm gut an bei Männern.

»Karo, bitte. Ich meld mich, sobald ich hier Ruhe habe, ja?«

»Leck mich«, sage ich und lege auf.

Panik steigt in mir auf wie die Bläschen in einem sehr stark kohlensäurehaltigen Getränk. Ich gehe aufs Klo, hoffe, dass dies wenigstens eine doppelte Entleerung nach sich zieht: Verdautes weg, Angst weg. Aber so funktioniert es leider nicht. Die Kacke ist zumindest im übertragenen Sinne immer noch am Dampfen. Philipp vermisst mich nicht. Philipp ist zufrieden mit unserer Trennung. Eine Trennung, die für *mich* gedacht war. *Ich* wollte eine Auszeit von *ihm. Ich* war nicht mehr glücklich. Und nun dreht er den sogenannten Spieß einfach um. Ich versuche, einen klaren Kopf vorzutäuschen. Jetzt mal ruhig Blut, den Ball flachhalten, den Morgen nicht vor dem Abend hassen, es wird schließlich nichts so heiß gegessen, wie man in den Wald hineinruft.

Bestandsaufnahme:

Was will ich? – Dass Philipp mich vermisst!

Weshalb? – Weil ich ihn vermisse!

Warum vermisse ich ihn? – Darum!

Etwas genauer bitte! – Weiß ich nicht, ist halt so.

Kann es sein, dass ich ihn nur vermisse, weil er mich nicht vermisst? – Weiß ich nicht. Ist doch egal. Das Endprodukt ist dasselbe.

Habe ich vielleicht doch ziemliche Angst vor dem Alleinsein? – Lass mich in Ruhe!

Ich will nicht mehr denken. Ich will viel lieber viel rauchen und Quatsch im Fernsehen sehen und eingeschlafen sein, bevor Philipp anruft.

Aber Philipp ruft an, bevor ich auch nur annähernd genug geraucht habe. Ich lasse das Telefon fünfundzwanzig Sekunden lang klingeln, fünf Sekunden später ginge meine Mailbox ran. Es ist mein allerletzter Trumpf.

»Hallo«, sage ich erschöpft.

»Hallo«, sagt er erschöpft.

»Na?«, schinde ich Zeit.

»Na?«, schindet er Zeit zurück.

»Ist der Damenbesuch schon weg? Oder liegt er mit Dessert beschmiert in deinem Bett?«

Ich kann Philipps Augen förmlich rollen hören. *Ach, Karo*, äffe ich ihn in Gedanken schon mal nach, beziehungsweise *vor*.

»Ach, Karo ...«

Bingo! Ich nehme lieber den Handstaubsauger statt der Kaffeemaschine, geht das?

Ich möchte Philipp keine echten Fragen mehr stellen. Ich habe Angst vor echten Antworten. Also frage ich, was er denn gekocht hat. Während er antwortet, überlege ich mir schon die nächste Frage. Ob er mal wieder was an öffentliche Verkehrsmittel gesprüht hat, wäre vielleicht gut. Das könnte auch eine längere Antwort geben. Philipp ist nicht so feinfühlig, dass er meine Ablenkungsmanöver bemerkt. Er redet immer noch über die Konsistenz der grünen Bohnen.

»Was soll die Scheiße? Weshalb redest du die ganze Zeit vom Essen? Findest du nicht auch, dass wir hier ein Problem haben? Ein Ungleichgewicht? Unsere Beziehung

wackelt, und du redest wieder nur von dir!« Das war unge-
recht, ich weiß, aber die einzige Möglichkeit für mich, das
hässliche Kind beim Namen zu nennen. Ich wappne mich
mit Aggression gegen das, was jetzt kommen wird. Hass
ist ein guter Tarnmantel. Hass ist die neue Camouflage.

»Karo, was soll ich sagen … Du wolltest, dass wir uns
eine Zeit lang nicht sehen, und ich … ich denke, dass das
richtig ist.«

»Ja, aber ich habe von einer Pause gesprochen. Nicht
von einer Trennung, die du prima finden darfst und nutzt,
um Dick und Doof zu bekochen!«

»Nein, Karo, jetzt machst du dir was vor, du wolltest
keine Pause, du wolltest dich trennen. Du hast gesagt,
dass du unglücklich bist. Und dass ich es auch bin. Und du
hattest recht. Ich bin unglücklich, und das geht so nicht
weiter. Wir tun einander nicht gut.«

Ich bin verblüfft. So ist er sonst nicht, der Philipp. Sonst
konnte ich auf seine Feigheit immer zählen.

»Aber du fehlst mir, Philipp. Das ändert doch alles!« *Tut
es das?*, piepst Anette plötzlich in meinem Kopf.

»Tut es das?«, fragt Philipp weniger piepsig, als ich es
mir wünschen würde. »Ich denke wirklich, wir sollten es
bei dieser Trennung belassen.«

Morgens traurig zu sein, ist viel schlimmer, als tagsüber oder gar abends traurig zu sein. Abends traurig zu sein, ist am besten, denn dann kann man im Grunde sofort ins Bett gehen, einschlafen und für ein paar Stunden alles andere als traurig sein. Pornostar zum Beispiel. Oder Profifußballer (davon träumen Jungs doch noch?). Leider träume ich, wenn ich Liebeskummer habe, oft, dass alles wieder gut ist. Besser sogar als in der Realität. Ich träume, dass Philipp und ich wieder zusammen sind und uns, wie im Film, richtig *lieben*. Philipp hat immer gute Laune, wir ziehen zusammen, wir werden schwanger, und die beiden Kommilitonenschnepfen Jenny und Isa müssen unsere Wohnung putzen und meine Füße massieren, auch wenn die nicht gewaschen sind. Meine Füße, nicht die Mädels. Ich bin den ganzen Traum über erleichtert und wirklich glücklich. Alles nur geträumt, denke ich im Traum.

Und wenn ich aufwache, werde ich nochmal ganz jungfräulich entherzt. Nach acht Stunden Schlaf noch einmal neu verlassen. Jeden verdammten Morgen. Den ganzen Körper noch voll von diesen rosa Hormonen, die einen glücklich machen, und kaum wacht man auf, rülpst einem die Realität mit ungeputzten Zähnen ins Gesicht und brüllt: »Reingelegt!« und »Ich werde den ganzen Tag mit dir verbringen!« Zwölf bis achtzehn Stunden Schmerz liegen ausgebreitet wie ein roter Teppich vor einem.

Ich kenne mich ganz gut aus mit Liebeskummer und weiß, dass Ablenkung und Verdrängung anfangs tatsächlich funktionieren. Vor allem Verdrängung hat total ihre Berechtigung. Sie lässt einen zu Kräften kommen für den Tag, an dem die Erkenntnis final an die Tür klopft. Ich weine also erst ein bisschen im Bett, mache mit dem Handy ein Foto von mir selbst, das ich »Tag 1« nenne, und stehe dann auf. Ich bitte die Realität, sich wenigstens die Zähne zu putzen, wenn sie schon meine Begleitung, das *Plus eins* auf der Gästeliste im Club meines Herzens, für die nächsten Tage (Wochen, Monate) sein wird. Und rufe dann meinen besten Freund Nelson an. Er soll mich und die Realität bitte zum See begleiten.

Mein Freund Nelson ist weniger exotisch, als sein Name vermuten lässt. Nelson ist sogar sehr normal. Er ist normalgewichtig, hat ganz normale graublaugrüne Augen und dunkelblondhellbraune Haare und trägt ganz normale Jeans-und-Shirt-und-Turnschuhe-Kleidung und eine ganz normale Brille. Das findet er sehr angenehm, denn Nelson ist berühmt, wird aber selten erkannt, weil er so normal aussieht.

Wir kennen uns seit meiner Ausbildung bei der Event-Management-Agentur. Er war dort damals auch Azubi, hat aber abgebrochen für einen Job beim Verkaufsfernsehen. Im Laufe der letzten Jahre hat er sich tatsächlich zu einem der bekanntesten Shoppingkanalmoderatoren hochverkauft. Mich macht das sehr stolz, denn ab und zu wird Nelson auf der Straße doch erkannt, und dann tun wir manchmal so, als wäre ich seine Frau, dann glitscht ein wenig von seinem Ruhm auf mich ab. Dass Nelson im wahren Leben schon eine Frau hat, die zauberhafte Katrin, hält uns nicht davon ab, manchmal *Trennung auf der Straße* zu spielen. Wir brüllen uns an, bis einer von uns beiden den Schwanz einzieht, weil es dann doch zu unangenehm wird. Im Grunde hat derjenige gewonnen, dessen gebrülltes Streitargument für das Gegenüber so peinlich ist, dass er »Psst, bitte aufhören« wispert.

Obwohl Nelson unheimlich seriös aussieht und besonders bei älteren Damen das Gefühl eines zweiten Frühlings auslöst, kann er auf eine gemeine Art witzig sein. Ich kenne eigentlich jeden bösartigen Witz, habe alle schon selbst gemacht, aber manchmal schafft Nelson es, mich zu verblüffen.

Während eines gemeinsamen Urlaubs in Portugal vor ein paar Jahren haben wir tagelang Strandhopping praktiziert. Wir sind im Mietwagen die Küste entlanggefahren und an jedem Strand schnell ins Meer gehopst, haben fünf Minuten gebadet, und weiter zum nächsten Strand. Nach der Herrmann'schen Entspannungstheorie ging es dabei wie gewohnt um Quantität statt Qualität.

Irgendwann zwischen dem zehnten und fünfzehnten Strand haben wir an einem kleinen Hafen mit Badestelle gehalten. Ich war ziemlich fasziniert von den zum Sand führenden Betonrampen, die man offensichtlich für Rollstuhlfahrer angelegt hatte. Das Gag-Zentrum meines Hirns wurde plötzlich ungeheuer stimuliert, und ich machte einen ziemlich durchschnittlichen Witz über Rollstuhlfahrer am Strand, woraufhin Nelson plötzlich sehr ernst wurde: »Finde ich nur so mittelwitzig, Karo. Meine Eltern sitzen beide im Rollstuhl.« Ich glaube, mir ist tatsächlich das Gesicht entglitten, und ich muss irrsinnig rot geworden sein. Nelson drehte sich um und ging wortlos ins Wasser, während ich kurz in Erwägung zog, mit dem Mietwagen abzuhauen, um Nelson nie wieder unter die Augen treten zu müssen. Kinder, was habe ich mich geschämt! Es war absolut unmöglich, vorsichtig zu erforschen, ob es sich vielleicht nur um einen Nelson-Witz gehandelt hatte, wäre das nämlich nicht der Fall gewesen, hätte ich mich mit der Nachfrage tatsächlich so was von mit der Karmapolizei angelegt, dass im Grunde nur noch Selbstmord in Frage gekommen wäre. Es half also nichts, ich musste mich weiter schämen und das Thema wechseln. Nelson hat mir erst viel später, auf Nachfrage, lachend erzählt, dass seine Eltern natürlich nicht im Rollstuhl sitzen und dass er damals gedacht hatte, dass meine fehlende Reaktion auf seinen Witz darauf zurückzuführen gewesen wäre, dass ich selbigen einfach nur nicht gut fand. Top! So ist Nelson. Der kann immer noch einen drauflegen.

Und jetzt soll Nelson sich bitte von mir zum See fahren lassen, denn es ist heiß, und ich habe Angst, kaputtzugehen, wenn mich keiner ablenkt.

Im Auto fragt Nelson: »Na, Püppi? Was gibt's Neues?«

Ich fange unmittelbar an, zu weinen. In letzter Zeit kann ich das gar nicht mehr so gut steuern. Kein langsames Anschwellen, zitternde Unterlippe, feuchte Augen und brechende Stimme, sondern direkt *Apocalypse now!* Damit kann Nelson nicht umgehen. Rohe Emotionen bringen ihn durcheinander. Als Erstes schaltet er immer vorsichtshalber auf *Verstand* (davon hat er viel, das kann er gut) und sagt Sachen wie: »Soll ich lieber fahren?«

»Nein, ist alles nicht so schlimm«, schluchze ich. Natürlich ist das Bockmist. Denn es ist sehr wohl alles ziemlich schlimm, ich bin seit Wochen dumpf und traurig, ich habe keinen Job und nun auch keinen Freund mehr. Aber so bin ich nicht. Ich kommuniziere das nicht. Nicht, weil ich mein Inneres nicht teilen will, sondern weil ich anderen nicht zur Last fallen möchte. Ich will niemanden langweilen oder anstrengen. Also werden immer die Arschbacken zusammengekniffen, der Rotz hochgezogen, ein schiefes Grinsen aufgesetzt und ein Notfallwitz gemacht. Weshalb denn Hilfe beanspruchen, wenn man es auch allein schaffen kann? Nee, lass mal, Nelson, genug von mir, wir reden jetzt mal über dich! Was gibt's Neues? Was ist das Verkaufsobjekt der Woche bei euch im Sender? Vielleicht eine von diesen tollen Saftpressen? Ich könnte eine gebrauchen, meine alte ist nämlich ...

Aber da macht Nelson nicht mit. »Na, offensichtlich ist aber sehr wohl alles ziemlich schlimm, wenn ich dich so sehe!«, sagt er streng, vorsichtshalber die Straße nicht aus den Augen lassend. »Fahr mal rechts ran.« Ich will nicht rechts ranfahren. Wir sind ja noch nicht einmal aus meiner Straße raus, geschweige denn auf dem Land. Außerdem kann ich mich besser zusammenreißen, wenn ich Auto fahre. Aber hier unterscheidet sich Nelson von Mädchenfreunden: Nix mit Streicheln und »Ach, komm, Süße!«, sondern Nelson wird ganz erwachsen und vernünftig und, Trauer hin oder her, ärgerlich: »Du fährst jetzt rechts ran, Karo. Das ist doch scheiße. So heftig, wie du weinst, kannst du nicht Auto fahren, und ich will hier nicht sterben. Du doch auch nicht!« Na, da bin ich mir nicht so sicher wie er, aber ich will keinen Ärger und halte für einen Fahrerwechsel. Dies ist kein Umarmungs-Boxenstopp oder eine Trostpause, wir wechseln einfach nur die Seiten. Das kann Nelson am besten: die Kontrolle übernehmen. Da ist er wie ich. Aber es ist nicht so, dass Nelson nicht Anteil nimmt. Im Gegenteil: Sein Gesicht drückt seriöse Besorgnis aus. Wie ein Polizist, der eine Vergewaltigung aufnimmt: auf eine eher professionelle Art. Er verschafft sich einen Überblick über die Fakten, um die Lage einschätzen zu können. Polizisten umarmen einen nicht. Und Nelson eben erst mal auch nicht. Ich muss dem Herrn Oberleutnant alles genau erzählen, und das tue ich auch. Ich möchte keine Probleme mit der Staatsgewalt. Ich berichte alles, von meiner ersten Stunde mit Anette bis zu meinem Traum von Philipp. Als ich fertig bin, haben wir den See erreicht, und ich bin fürs Erste zwar unverändert tiefer-, aber zumindest trockengelegt.

Der Strand ist überfüllt, aber wir finden eine kleine private, deshalb umzäunte, Badestelle. In diesen Strand-käfig kommt man nur mit Schlüssel. Ich tue so lange so, als ob ich meinen Schlüssel umständlich in der Tasche suche (Nelson macht dabei den »Ach, Mädels und ihre Handtaschen«-Blick), bis ein neuer Badegast kommt, aufschließt und uns mit reinlässt. Wir legen uns in den Schatten und reden kaum. Nelsons Mitgefühl drückt sich darin aus, dass er eine Dreiviertelstunde lang zuhört, mich reden lässt, nur für kurze Zwischenfragen unterbricht und am Ende keinen Ratschlag erteilt, sondern einfach nur nickt und mir bestätigt: »Das ist scheiße.«

Mehr brauche ich nicht. Denn mit Ratschlägen kann ich nicht viel anfangen. Ich weiß immer um alle Möglichkeiten, die ich habe, muss mich nur noch entscheiden. Man muss mir nicht sagen, dass meine Trennung von Philipp das einzig Richtige war und dass es kein Wunder ist, dass es mir nicht besonders gut geht, wenn ich arbeitslos in einer Therapie an meinen Ängsten kratze. Ich weiß das alles, und Nelson weiß, dass ich es weiß. Ich weiß, dass das seine Art der Umarmung ist, und er weiß, dass ich es weiß.

Da liegen wir also beide rum, auf unserer gemeinsamen Wellenlänge, und können jetzt daran arbeiten, mich abzulenken.

Ich habe mir eine perfekte Antischmerzchoreographie zusammengebastelt: Ich kann nicht besonders lange schlafen, daher muss ich, sobald ich wach bin, umgehend das Bett und das Haus verlassen, wie gesagt: Morgenstund hat Mist im Mund. Ich erledige viel Liegengebliebenes, lasse meinen Reisepass verlängern, übernehme Vormittagsschichten in der Kneipe (gedankt sei der Erfindung des Brunches) und gehe oft in den Baumarkt. Dort vergesse ich immer absichtlich einige Sachen meiner Einkaufsliste. Ach, wie doof, ich habe vergessen, Nägel bei OBI zu kaufen. Na ja, fahr ich eben morgen nochmal hin, bringt ja nichts. Ich habe auch schon versucht, tagsüber auf dem Sofa zu schlafen, um Zeit wegzuschummeln. Leider macht das alles viel schlimmer. Sobald ich liege und döse, werden die Schmerzen stärker, und die Traurigkeit legt sich so schwer auf meine Brust, dass ich mit Herzrasen aufwache und sofort wieder raus muss. Ich treffe viele Freunde und Bekannte, erzähle stolz von meiner Trennung und der Therapie und dass es besser nicht hätte kommen können, natürlich täte es weh, aber das seien heilende Schmerzen. Wird schon wieder, alles halb so schlimm, und was gibt es bei *dir* eigentlich Neues?

Ich bringe die Zeit rum, bin stolz und erschöpft am Ende des Tages und völlig aufs Neue zerstört am Anfang des nächsten.

Ich bin permanent unruhig und gleichzeitig schwach. Ich zappele mehr denn je mit allen möglichen Körperteilen und bin sehr müde. Ich schlafe schließlich doch auch tagsüber, obwohl es mir überhaupt nicht gut tut, einfach weil ich nicht anders kann. Für einen weiteren Seeausflug möchte ich ein paar Sachen zusammenpacken und gebe mittendrin auf. Kann mich nicht mehr auf den Beinen halten. Ich lege mich ins Bett und komme nicht mehr hoch, als wenn mich jemand festhalten würde, starre die ungepackte Tasche an und denke: Wow. Mehr nicht. Nur: Wow.

Langsam mache ich mir Sorgen und google meine Symptome. Jaja, soll man nicht machen, weiß ich auch. Trotzdem: Antriebslosigkeit, Müdigkeit, starke innere Unruhe und Stimmungsschwankungen sind angeblich klare Anzeichen für eine Depression. Ich mache sogar einen halbgaren Online-Test, der mir erklärt, dass ich eine mittelschwere depressive Verstimmung habe. Soso. Aha. Nun ja. Man wird ja wohl noch ein bisschen traurig sein können, ohne direkt eine Depression zu haben, nicht wahr? Vermutlich ist der Test eine dieser Verschwörungen der Pharmaindustrie. Die wollen nur, dass ich ihre Tabletten esse. Aber nicht mit mir, ich kann Liebeskummer sehr wohl von einer Krankheit der Psyche unterscheiden.

Ich verschiebe den Ausflug an den See. Ich kriege einfach diese verdammte Tasche nicht gepackt.

Außerdem bin ich so müde.

Ich kaufe Saugnapfhandtuchhalter im Baumarkt. Hatte ich ja das letzte Mal vergessen. So beschäftigt, wie ich immer bin, kein Wunder. Ich nehme mir ausreichend Zeit, zwischen den weißen aus Plastik und den metallfarbenen, auch aus Plastik, zu entscheiden. So etwas will wohlüberlegt sein, schließlich sind meine Handtücher weiß, meine Armaturen hingegen aus Edelstahl. Zum Bad im Allgemeinen würde also beides passen. Aber was ist besser für die Handtücher im Speziellen? Weißes Plastik sieht immer ziemlich billig aus, aber metallfarben ist ein allzu offensichtlicher und zudem hässlicher Fake. Meine Handtücher wären enttäuscht.

Und dann zieht es plötzlich auf.

Ein Gewitter in meinem Körper.

Ich werde schrecklich unruhig. Eigentlich bin ich das in den letzten Tagen eh dauernd, aber das hier ist anders. Irgendetwas braut sich in mir zusammen. Mein Herz rast, ich habe das Gefühl, dass etwas Riesiges auf mich zugerollt kommt. Wie eine Stampede: Ein spontaner Zusammenschluss von (meist wilden) Tieren, der plötzlich zusammenzulaufen beginnt, ohne einen erkennbaren Grund oder eine eindeutige Richtung. So steht es im Lexikon, und genau das ist es. Wilde Tiere, kein erkennbarer Grund. In mir rennt plötzlich alles auf mich zu. Laut, schnell, enorm bedrohlich. Ich habe vor nichts Konkretem Angst, nichts ist rational, aber alles ist furchterregend. Ich schwitze und muss hier sofort raus. Weil ich aber die bin, die ich bin, zahle ich noch schnell vier Saugnapfhandtuchhalter aus weißem Plastik.

Die einzige Panikattacke, die ich je hatte, überfiel mich vor etwa einem Jahr abends im Bett. Ich hatte undefinierbare Schmerzen im Unterarm und dachte eine Spur zu lange über eine mögliche Diagnose nach, über Thrombose und Lungenembolie, und plötzlich kribbelte mein ganzer Körper, ich bekam keine Luft mehr, dafür aber schlimmes Herzrasen. Vom Fernsehen perfekt vorbereitet, leistete ich selbst Erste Hilfe: an die frische Luft, tief atmen, nicht hyperventilieren. Also stand ich zwanzig Minuten nackig auf meinem Balkon und atmete frierend. Anschließend habe ich mir ein Hörspiel angemacht, um abgelenkt einschlafen zu können.

Ich habe mein ganzes Leben lang gelernt, meine Probleme selbst zu lösen. Mein Innerstes ist wie New York: *If I can make it there, I'll make it anywhere.*

Schwitzend und zitternd fahre ich nach Hause. Ja, es geht mir schlecht, aber hey, ich habe noch einiges zu tun. Nelson hatte Geburtstag, wir sind in zwei Stunden verabredet, ich muss noch Geschenke einpacken, keine Zeit für Angstanfälle, zumal es keinen Grund dafür gibt, ich bin schließlich kein Psycho.

Ich ignoriere also, dass mein Körper sich nicht beruhigen kann. Tatterig packe ich einen Haufen Geschenke für Nelson ein. Ich kann das Klebeband nicht vernünftig halten und lege mich kurz ins Bett. Aber das funktioniert auch nicht. In mir fühlt es sich an wie im Urwald: laut, durcheinander, voll. Ich versuche, zu atmen, mich zu beruhigen, aber ich kann nicht. Ich nehme eine kalte Dusche, aber ich kann mich kaum auf den Füßen halten, ich steige aus der Wanne und packe nackt und nicht abgetrocknet weiter Geschenke ein. Ich höre Musik dabei, die ich sonst nie höre. Ich habe plötzlich Angst vor Gewohntem. Kann nicht den Fernseher anmachen. Irgendwas da drin könnte mir etwas antun. Keine Ahnung.

Ich laufe auf und ab, rufe schließlich Nelson an:

»Nelson, ich bin's. Sag mal, mir geht es grad ein bisschen komisch, vielleicht wäre es besser, wenn du mich mit dem Auto abholst, statt ich dich. Geht das?«

»Klar«, sagt der gute und ahnungslose Nelson. »Was ist denn los?«

»Ach, nichts weiter«, verharmlose ich blöde Flachpfeife, »fühlt sich ein bisschen an wie ein Panikanfall oder so. Aber es geht gleich wieder. Wann kommste denn?«

»In einer Stunde etwa, ich hab hier noch einen Termin im Sender.«

»Falls ihr diese neue Penispumpe aus der Türkei reinbekommen habt, sag deinen Chefs, dass ich sie jederzeit weiterempfehlen würde!«, witzele ich schwach rum. Karo Herrmann, immer einen flotten Spruch auf den Lippen.

»Mach ich, alte Sau. Bis gleich«, witzelt Nelson zurück. Aber er ist nicht doof, er merkt, dass was nicht stimmt. Süß, dass er sich trotzdem für mein Witze-Ego Mühe gibt.

Ich laufe weiter auf und ab. Die Geschenke sehen

scheiße aus. Ich habe es einfach nicht hinbekommen. Alles verknittert und lieblos eingepackt. Ich muss etwas tun, in mir ist die Hölle los.

Ich packe die Saugnapfhandtuchhalter aus und bringe sie ins Bad. Die Handtücher sollen sich freuen bitte. Aber ich kann ihre Reaktion nicht abwarten, ich habe das Gefühl, wahnsinnig zu werden. Es ist unerträglich in meinem Körper. Mir ist heiß, und zu der Angst hat sich mein Freund, die schwere Pferdedecke Traurigkeit, gesellt. Sie wickelt sich ganz eng um mich herum. Ich bekomme keine Luft, ich ersticke an mir! Im Wohnzimmer liegt eine Schere auf dem Boden. Ich habe plötzlich Angst vor ihr. Angst vor *mir*. Ich räume sie weg. Der Balkon macht mir Angst. Würde ich springen, ich wäre sofort tot. Und die Angst wäre weg. Und die Traurigkeit.

Ich rufe noch einmal Nelson an. Diesmal weine ich: »Nelson, kannst du vielleicht schon ein bisschen früher kommen? Irgendwas stimmt ganz und gar nicht.« Bevor ich erklären kann, was mein Problem ist, sagt Nelson mit seiner beruhigenden Erwachsenenstimme: »Ja. Ich komme. Ich gehe jetzt zum Auto.« Danke, möchte ich sagen. Das ist nett. Bis gleich. Aber Nelson lässt mich nicht. Nelson hört nicht auf, mit mir zu reden. »Ich gehe jetzt aus dem Sender und zu meinem Parkplatz. Das sind ungefähr fünfzig Meter. Jetzt steige ich ein und schließe die Tür. Ich lasse das Auto an. Ich bin gleich bei dir. Versuch, dich zu beruhigen!« Ich schluchze laut. Rotz läuft mir aus allen Poren, ich kann nichts sagen, ich tigere durch die Wohnung, das Telefon am Ohr, mein Körper ein einziges Minenfeld. Nelson sagt: »Ich bin jetzt schon an diesem fürchterlichen Thai vorbeigefahren, bei dem du neulich die Kellnerin beschimpft hast, weil sie dir das falsche Essen gebracht hat, weißt du noch?« »Ja«, heule ich, »ich hatte extra gesagt, dass ich kein Geflügel mag, und sie bringt ausgerechnet Curryhuhn.« Nelsons Plan geht auf. Wir merken es beide. Er kann mich nicht austricksen, er versucht es nicht erst. Er leistet einfach Erste Hilfe auf seine Art.

»Ich fahr nur noch am Proll-Tätowierer vorbei, und dann biege ich schon in deine Straße, gleich bin ich da, Puppe, keine Sorge, gleich ist alles wieder gut!«

»Bis gleich«, flüstere ich und lege auf. Es klingelt, ich betätige den Türöffner und stapele Nelsons Geschenke auf meinem Arm. Hoffentlich findet er die Verpackung nicht total schlimm. Ich öffne meine Wohnungstür und probe, immer noch weinend, mein »Happy Birthday«-Gesicht. Schließlich ging es jetzt wirklich lang genug um mich, ich schäme mich ein wenig, Nelson sollte doch die Hauptperson sein heute!

Er biegt um die Ecke, sieht besorgt aus, und ich strecke ihm seine Geschenke hin und brabble irgendwas von Geburtstag und Geschenkpapier und Saugnapfhandtuchhaltern. Es würde mich nicht wundern, wenn ich dabei irre gekichert hätte.

Nelson sagt nichts, drängt mich zurück in den Hafen meiner Wohnung und nimmt mich in den Arm.

Und dann gehe ich endlich richtig kaputt.

»Wir fahren jetzt in die Notaufnahme.«

Nelson und ich liegen auf meinem Sofa, besser gesagt: Nelson sitzt, und ich liege auf seinem Schoß und rotze seine Hose voll. »Entschuldige, jetzt sieht es aus, als hättest du einen Samenerguss auf deiner Hose gehabt«, schluchze ich als Antwort.

»Karo, zieh dich an, wir fahren zum Krankenhaus.« Weinend stolpere ich ins Schlafzimmer und ziehe mir Schuhe an, Nelson packt in der Zwischenzeit meine Zahnbürste ein.

Im Auto weine ich weiter. Ich höre einfach nicht mehr auf. Es läuft von ganz allein und nebenbei. Wie Fahrstuhlmusik. Die Autofahrt macht mich ruhiger, aber auch einsam. Mein nasses, selbstreinigendes Gesicht lehnt am Fenster und schaut raus in die neue alte Welt. Ich bin nicht mehr Teil davon. Ich sitze irgendwo anders. Ich habe mich verirrt und finde nicht mehr raus. Aus mir. Ich bin in einem dunklen Raum, in dem es keine Türen, nur ein Fenster zu den anderen gibt. Ich kann sie sehen, aber mitspielen darf ich nicht mehr. Ich muss jetzt in der Ecke stehen.

Ich versuche, logisch zu erfassen, was mit mir geschieht.

Versuche, diese plötzliche Angst vor dem Tod zu verstehen. Ich habe zu keinem Zeitpunkt aktiv an Selbstmord gedacht. Eher über Bande. Diese Schere hat mir wirklich Angst gemacht. Die verlockende Erleichterung. Schlimmer Schmerz ändert schon irgendwie den Verwendungszweck einer Schere. Und dieser Gedanke macht mir eine Scheißangst.

Wir kommen in der Notaufnahme an, ohne zu wissen, was wir uns von ihr eigentlich versprechen. Aber wir brauchen Hilfe mit mir. Vielleicht eine Beruhigungsspritze. Ich jedenfalls wäre großer Fan davon. Während Nelson einer der hektisch umherrennenden Schwestern das Problem erklärt, steht das Häufchen Ich einfach rum und weint mal laut und mal leiser. Die Krankenschwester fragt unüberhörbar und auf mich zeigend: »Lacht die oder weint die?« Fotze!, denke ich. Was glaubst du denn? Und selbst wenn ich lachen würde. Wäre das unter diesen Umständen nicht genauso besorgniserregend?

Wir sollen in die psychologische Notaufnahme fahren. Vermutlich blute ich nicht genug. Hier wird einem nur geholfen, wenn man sich mit der Kreissäge um ein paar Zentimeter verschätzt hat.

Die psychologische Notaufnahme ist sehr schön. Mit einem Garten, in dem vermutlich die ganzen Verrückten, wirr vor sich hin murmelnd, rumlaufen können. So sieht also meine Zukunft aus.

Wir sitzen im kargen Warteraum und, nun, warten. Ich muss pinkeln und gehe auf die Besuchertoilette. Sie ist unverschlossen, leider zu Unrecht, denn drinnen sitzt ein Mann und kackt. »Entschuldigung«, sage ich durch meinen Tränenschleier und schließe Mann und Geruch wieder hinter der Tür ein. Ich möchte Nelson gern davon erzählen, aber ich bin zu schwach. Also setzen ich und meine volle Blase uns wieder und wundern uns, dass ich überhaupt noch Flüssigkeit zum Ausscheiden habe.

Ein dicklicher Pfleger kommt auf uns zu und fragt, was er für uns tun kann. Offensichtlich kennt er Nelson aus dem Fernsehen, er blickt ihn nämlich viel öfter an als mich. Wir erzählen die ganze Geschichte, und er stellt Fragen, die ich sofort wieder vergesse. Er erklärt uns, dass er den zuständigen Arzt holt, und lässt uns wieder allein.

»Wann kommt denn endlich jemand mit einer Beruhigungsspritze?«, frage ich Nelson.

Da kehrt der dicke Pfleger mit dem Arzt zurück. Der sieht sehr jung aus und starrt ebenfalls immer wieder Nelson an. Wir werden in ein Behandlungszimmer geführt und sollen schon wieder die ganze Geschichte runterlabern. Aber zuerst die Versichertenkarte bitte, Frau Herrmann. Und zehn Euro. Natürlich, lieber junger Arzt! Wir wollen ja auf keinen Fall die Pferde scheu machen mit meinem kleinen Nervenproblem. Nehmen Sie sich ruhig die Zeit, vielleicht soll ich noch schnell meinen Impfpass von zu Hause holen?

Ich werde langsam wütend. Ein wenig stolz bin ich schon, dass ich trotz offensichtlichem Nervenzusammenbruch noch hassen kann. Das kann doch nicht sein, dass wir hier entspannt zu viert, wie bei einer Runde Karten, rumsitzen und uns gegenseitig in die Augen sehen.

»Frau Herrmann, ich fasse nochmal zusammen: Sie sagen, Sie gehen schon seit ein paar Wochen zu einer aufwühlenden Therapie. Außerdem haben Sie sich von Ihrem Freund getrennt und Ihren Job verloren? Haben Sie denn Suizidgedanken?«

»Kann ich jetzt vielleicht mal irgendwas zur Beruhigung haben bitte?«, frage ich, seine Frage ignorierend, zurück.

»Ach so. Ja, natürlich«, sagt der junge Arzt und weist den dicken Pfleger an, irgendwas zu holen. Der wiederum verlässt den Raum, sichtlich enttäuscht, ein paar Minuten zu verpassen. Ich blicke Nelson verständnislos an, er zuckt irritiert mit den Schultern. Langsam dämmert mir, dass die beiden Witzfiguren vermutlich wegen Nelsons Bekanntheit befürchten, dass es sich hier um die »Versteckte Kamera« handeln könnte und deshalb so übervorsichtig sind. Ich fasse es nicht. Oder sie halten mich für eine überemotionale doofe Kuh, die einfach nur ein bisschen traurig ist und damit nicht umgehen kann. Das wiederum wäre verheerend, denn *diese* Gedanken habe ich mir schon selbst gemacht.

Der Dicke kommt zurück und gibt mir eine Tablette namens »Tavor«. Ein angstlösendes Beruhigungsmittel in Hellblau. Ich soll sie unter die Zunge legen und zergehen lassen. Puh, für so was bin ich nicht die Richtige. Ich bin ein ungeduldiger User. Ich will nichts, was Zeit braucht. Ich mag am liebsten Spritzen oder wenigstens Tropfen, irgendetwas, das direkt ins Blut zischt. Aber ich kann nicht wählerisch sein und tue, wie mir geheißen. »Und wann wirken die?«, frage ich, ganz Ich.

»Na, so in einer halben Stunde sollten Sie ruhiger werden. Vermutlich werden Sie auch müde«, sagt der junge Arzt zu Nelson. So fühlen sich bestimmt Frauen mit großen Brüsten. Denen sehen die Leute auch nie ins Gesicht, wenn sie sprechen. Nelson ist meine großen Brüste.

»Und nun?«, frage ich. »Was passiert jetzt mit mir?«

»Ich schlage vor, dass Sie weiterhin zu Ihrer Therapeutin gehen. Außerdem sollten Sie einen Psychiater konsultieren, der entscheidet dann, ob Ihnen vielleicht Antidepressiva helfen würden.« Kann ich jetzt schon welche haben bitte, will ich fragen. Aber Nelson legt mir die Hand aufs Knie und drückt leicht zu. Halt mal die Klappe, will er damit sagen. »Sollten Sie aktive Suizidgedanken haben, müssen wir Sie allerdings hierbehalten. So ist die Regel.« Habe ich nicht, beruhige ich ihn und mich. Nur Gedanken über Suizidgedanken. Das zählt ja wohl nicht.

Wir werden entlassen. Ganz offensichtlich wollen beide Herren noch ein Autogramm von Nelson, aber der ist heute in so privater Mission unterwegs, dass die Bitte eine Unverschämtheit wäre. Das wissen wir alle vier. Ha! Ich bin grade wichtiger!

Es ist inzwischen früher Abend, und Nelson und ich gurken, bis die Tablette endlich wirkt, noch ein wenig durch den Notaufnahme-Park. Ich rufe Anette in ihrer Praxis an und hinterlasse eine nasse Nachricht auf ihrem Anrufbeantworter. Dann frage ich Nelson, ob er für mich Philipp anrufen kann. Ich habe das Gefühl, dass Philipp grade der einzige Mensch ist, der mich wieder heil machen und beruhigen kann. Nelson hält das eigentlich für keine gute Idee, aber die Umstände sind besonders, finden wir. Also ruft Nelson doch an, während sich bei mir Anette zurückmeldet. Schluchzend erzähle ich, was passiert ist, und sie versucht, mich zu beruhigen. »Wenn du willst, kannst du jetzt noch vorbeikommen, Karo.« Ich merke aber, dass die Tablette langsam wirkt, und vereinbare mit Anette einen Termin für den nächsten Morgen.

Ich lege auf und latsche mit klitzekleinen Omi-Schritten durch die Grünanlage. Ich muss nicht mehr weinen. Vor einem Käfig bleibe ich stehen und tue so, als würde ich die darin eingepferchten Ziervögel betrachten. In Wirklichkeit beobachte ich aber Nelson, der seriös gestikulierend durch den Park telefoniert. Dann legt er auf und kommt mit einem nicht zu durchschauenden Gesicht zurück.

»Pisser!«, sagt er, und ich weiß Bescheid. »Er hält es für keine gute Idee, dich jetzt zu sehen.« Ich bin verblüfft. »Hast du ihm denn nicht gesagt, dass wir in der Notaufnahme sind? Dass ich nicht einfach nur traurig spiele, sondern dass alles richtig schlimm ist?«, frage ich. Ich habe große Angst, dass der blöde Philipp glaubt, dass ich nur simuliere. »Natürlich habe ich das. Ich habe ihn auch wissen lassen, dass ich es wichtig fände, wenn er jetzt für dich da wäre. Er sagt, er hätte zu viel Angst, etwas falsch zu machen.« Meine Güte, was für ein beschissener Versager, mein Exfreund! Selbst in dieser Situation denkt er nur an sich. Ich heule mich durch die Notaufnahmen dieser Stadt, verstecke Scheren vor mir selbst, und alles, woran Philipp denken kann, ist, dass er was falsch machen könnte. Alles, was ich will, ist in seinen Armen sein. Nur heute, nur jetzt. Er soll mich wieder ganz machen.

Nelson fragt, ob es inzwischen ein bisschen besser geht, und nimmt mich leicht am Arm, um mich zum Auto zu führen. Ich bin Knete in seinen Händen. Mir ist alles egal jetzt. Ich bin erschöpft.

Wir fahren zurück ins Stadtinnere und parken vor Nelsons Wohnung. »Du schläfst heute bei uns!«, verkündet er väterlich resolut. Ah, deshalb die Zahnbürste. »Ich will aber keine weiteren Umstände machen«, flüstere ich wie im Film, meine es aber genau so. »Hör endlich auf mit dem Scheiß, Karo! Du machst keine Umstände. Katrin weiß schon Bescheid, du bist willkommen!«

Und wie willkommen ich bin: Katrin hat extra für uns Abendbrot gemacht und für sich selbst das Gästebett bezogen. Ich soll mit Nelson im Pärchenbett schlafen, damit ich nachts keine Angst kriege. Meine Augen werden schon wieder ganz feucht, diesmal vor Rührung.

Nachdem wir Stulle und Kirschen und Tee geabendbrotet haben, sitzen Nelson und ich auf dem Bett und packen endlich seine Geschenke aus. Er freut sich sehr über all meine Quatschgeschenke, und ich entdecke, als ich mich ausziehe, dass mir heute ein Vogel aufs Shirt gekackt hat. Darüber lachen wir endlich, ein bisschen hysterisch.

Der nächste Morgen ist ein typischer *Morgen danach*. Nach der Party, nach dem Sturm. Die ganze Aufregung ist dumpfer Erschöpfung mit Mundgeruch gewichen. Ich habe tief und ausreichend geschlafen, Katrin macht Frühstück, und ich überlege, ob ich wohl Mama zu ihr sagen darf. Vermutlich nicht, also frage ich erst gar nicht, sondern esse, wie Magersüchtige es tun: gar nicht. Ich halte immer nur Lebensmittel in die Nähe meines Mundes, räume sie auf dem Teller von rechts nach links und andersrum und nippe an meinem Kakao. Ich kann nicht essen. Mir fehlen die Kraft und der Appetit. Mir fallen dauernd die Augen zu. Ich fühle mich taub. Aber auf eine gute Art taub. Wenn ich schon nicht mehr in meinem eigenen Leben mitspielen darf, sollen gefälligst die anderen auch entscheiden, was jetzt passiert, denn wenn es nach mir gehen würde, läge ich wieder im Bett. Für immer.

Also entscheidet Nelson: »In einer Stunde ist der Termin mit deiner Therapeutin«, erinnert er mich. »Ich fahr dich hin. Geh mal noch schnell duschen. Du riechst traurig.« Ich lächle matt und gehe ins Bad.

Im Auto schlafe ich dauernd ein. Ich kauere auf dem Beifahrersitz und nicke immer wieder weg. Nelsons Anwesenheit ist beruhigend. Er lässt mich schlafen, versucht nicht, mich zu unterhalten. Er liefert mich bei Anette ab und sagt: »Ich warte im Auto. Wenn du fertig bist, würde ich gern mal mit Anette reden, wenn du nichts dagegen hast.« Whatever.

»Na, Karo?«, sagt Anette zur Begrüßung. Ihre irrsinnig blauen Augen sind sorgenvoll und blicken mich sehr genau an. Ich habe dicke Augen vom Weinen, das kann ich spüren. Vermutlich sehe ich aus wie ein Boxer nach einem Kampf. Ich bin zu schwach für einen Witz, der dieses Thema aufgreift, und lasse mich einfach in den Ledersessel fallen und fange wieder an, zu weinen.

Anette überrascht mit einem Strategiewechsel: Ich soll mich auf eine Matte legen, die sie auf dem Boden ausrollt. Sie setzt sich neben mich und wickelt meinen Körper irgendwie um sich herum. Ich liege auf der Seite, mein Bauch an ihrem sitzenden Po, meine Oberschenkel an ihrem linken Oberschenkel, meine Arme und Brust an ihrem rechten Oberschenkel. Ich bin fast wie ein Gürtel. Mit der einen Hand hält sie meinen Kopf, mit der anderen meine Füße. Und dann sagt sie: »Lass mal los jetzt!« Ich habe inzwischen schon verstanden, dass sie das im übertragenen Sinne meint, also lasse ich los. Ich heule wie ein sehr kleines Kind: Ich schluchze, und mein ganzer Körper wird durchgeschüttelt von heftigen Wein-Wehen, ich ringe nach Luft und lasse laufen. Bringt ja nix. Und Anette hält mich einfach nur fest und streichelt Füße und Kopf und sagt immer wieder: »Lass alles raus!«

Nachdem nun wirklich das letzte bisschen draußen ist, werde ich ruhiger. Alles alle. Mein Kopf pocht dumpf meinen Herzschlag nach, die Augen sind fast vollständig zugeschwollen, und ich fühle mich großartig. Vollkommen leer, und das ist wirklich das Beste, was mir zurzeit passieren kann.

Wie in Trance sage ich: »Danke sehr.« Anette lächelt und umarmt mich. Sie sagt, dass ich sie notfalls auch zu Hause anrufen kann und dass wir mich wieder hinkriegen. »Ach, das wäre schon toll«, brabbele ich und schleiche die Treppen hinunter und schicke meinen persönlichen Pfleger Nelson nach oben. Während meine beiden Erziehungsberechtigten über ihr Problemkind sprechen, rauche ich und freue mich über die angenehme Leere in mir. Da ist nichts mehr drin. Keine Angst, keine Traurigkeit, allerdings auch sonst keinerlei Empfindungen. Ich wette, ich könnte jetzt sehr langsam über glühende Kohlen laufen. Vielleicht sollte ich die Gelegenheit nutzen und noch schnell Geld damit verdienen. Ich überlege, wie viel Eintritt ich für Rolle vorwärts auf einem Nagelbrett nehmen könnte, da kommt Nelson und fragt, was ich jetzt machen möchte.

»Nelson, es geht mir gut. Ich glaube, ich kann jetzt wieder mit mir allein sein. Du warst so toll die letzten Tage, und ich bin dir so fürchterlich dankbar, dass ich gleich wieder heulen könnte, aber trotzdem denke ich, dass ich jetzt wieder ohne dich Leben spielen sollte!«

»Nix da!«, sagt Nelson. »Ich habe mir die nächste Woche freigenommen und muss bis auf ein paar wenige Termine kaum in den Sender. Ich bin hiermit offiziell dein Zivi. Sieh das als eine Art Altersvorsorge. Wenn *ich* verrückt werde, musst du dich um mich kümmern!« Nelson ist nicht doof. Er weiß genau, dass ich mit so viel Zuwendung nicht umgehen kann. Er tarnt seine Freundschaft in schlechten Zeiten als eine Art Deal. Genau das, was ich brauche. Ich rebelliere nicht, dazu bin ich dann doch zu schwach, sondern freue mich sehr. Endlich jemand, der auf Liebes-Abruf steht. Super. »Trotzdem schlafe ich heute nicht nochmal bei euch«, bestimme ich, »das ist mir echt unangenehm, und außerdem muss ich auch in der Lage sein, alleine zu schlafen.«

»Wie du willst, darüber können wir ja später reden. Lass uns erst mal spazieren gehen oder so. Du brauchst ein bisschen frische Luft.« Phrasendrescher! Aber recht hat er.

Also spazieren wir ein wenig im Park rum und trinken Heißgetränke im Café und spielen Karten.

Ich fühle mich zunehmend stabiler, verabrede mich sogar für den Abend mit Freunden zum Kino. Den Pfleger Nelson entlasse ich nach einer Acht-Stunden-Schicht in den Feierabend. Im Kino wird Horror gesehen, und bis auf zwei sehr kleine Angstwellen, die ich aber schnell mit richtiger Atmung in den Griff bekomme, verläuft alles gut. Wahrscheinlich kann ich mit dem Thema Tod grad nicht so gut umgehen. Ich bin ein großes Mädchen, gehe allein nach Hause, lege mich brav ins Bett, denn morgen habe ich wieder viel zu tun: Nägel im Baumarkt kaufen, Kaffee mit Mama trinken, eine Verabredung zum Abendessen habe ich auch, und zwischendurch mit meinem Pfleger Karten spielen. Ich schlafe sehr schnell ein.

Der nächste Morgen ist ein Arschloch. Ein altbekanntes Arschloch. Ich wache auf, und Unglück stürzt über mich herein. *Und täglich grüßt das Murmeltier*, nur dass ich einen Sonny-und-Cher-plärrenden Radiowecker jederzeit der immer wiederkehrenden Trauer deutlich vorziehen würde.

Ich komme nicht aus dem Bett, starre dumpf die Decke an und rauche.

Das Telefon klingelt, Papa ist dran, er ruft von der Nordsee an, wo er regelmäßig als *Head of Irgendwas* die Außenstelle einer großen Versicherungsagentur managt. »Tochter, wie geht es dir?«, fragt er fröhlich. Alle zwei Monate haben wir so ein Telefonat, in dem jeder seiner Rolle als Vater/Tochter nachzukommen versucht. Wir haben uns lieb, aber eigentlich brauchen wir nicht viel Kontakt miteinander. So ist meine ganze Familie. Mama und ich sehen uns auch selten und finden es beide vollkommen super so.

»Ach, nicht so gut grade«, untertreibe ich. »Philipp und ich haben Schluss gemacht, und vorgestern hatte ich so eine Art Nervenzusammenbruch und war in der psychologischen Notaufnahme. Und bei dir so?« Ich weine dabei die ganze Zeit und weiß gar nicht, ob ich grad angefangen habe oder seit dem Aufwachen durchweine. Komisch, wie mein Hirn trotzdem noch heile Welt spielen will.

Papa ist kurz sehr still. Und dann ändert sich sein Ton: »Karo, jetzt hör mal gut zu«, sagt er sehr bestimmt.

»Ja«, schluchze ich laut.

»Karo. Du tust dir bitte auf keinen Fall etwas an. Das wäre egoistische Scheiße. Verstehst du mich?«

Huch, jetzt ist er aber streng, der Papa. Was er bloß hat?

»Natürlich nicht, ich bin nur so dolle traurig und kann gar nicht damit aufhören! Aber deswegen will ich mich noch lange nicht umbringen.« Ich verschweige besser mein Erlebnis mit der Schere.

»O.k. Gut. Was machst du denn heute noch?«, fragt Papa. Er scheint mir plötzlich sehr wachsam.

Ich schniefe und sage, dass ich mit Mama zum Kaffee verabredet bin.

»Das ist gut«, sagt er.

»Und Klopapier muss ich kaufen und Nelson treffen und später Nudeln essen mit den anderen«, füge ich hinzu. Er soll sehen, dass alles nicht so schlimm ist, ich werde mich nicht in die Wanne setzen und mit dem Ladyshave spielen.

Meine To-do-Liste beeindruckt ihn wenig, er wiederholt, dass er es gut findet, dass ich Mama treffe.

»Gut, ich muss jetzt auch los«, versuche ich, ihn abzuwimmeln. Schließlich habe ich ja wirklich viel zu tun heute.

»Karo, denk bitte daran, was ich eben gesagt habe. Und ich habe dich sehr, sehr lieb!«

»Ich dich auch, Papa«, sage ich. Jetzt bloß nicht wieder weinen. Daran hat echt niemand Interesse.

Nach dem Weinen ist dieser Tage vor dem Weinen, aber *zwischen* dem Weinen ist es immer ganz o.k. Wegen der Leere. Ich nutze die Halbzeit, um meinen hohlen Körper zu duschen und zu kleiden, und fahre zu Mama. Ich hab ja schließlich nicht den ganzen Tag Zeit.

Mama und ihr Leben hatten es lange Zeit nicht leicht miteinander. Sie hat mit zwanzig geheiratet, ein Jahr später eine Tochter bekommen. Ich war ein Wunschkind, jedenfalls hatte man sich angeblich sehr auf mich gefreut. Leider war mein Vater wohl nicht so gut vorbereitet auf ein schönes *Für immer*: Er studierte noch und entdeckte bald den Reiz unverheirateter Frauen. Meine Eltern trennten sich, als ich acht war. Ich weiß nicht besonders viel über ihre Probleme, aber Mama war oft unglücklich. So unglücklich, dass sie irgendwie vergaß, ausreichend liebevoll zu mir zu sein.

Meine Erinnerungen an die Mama meiner Kindheit sind eher ängstliche als liebevolle. Sie war immer eine Respektsperson. Sie wurde oft laut, und ihr rutschte schnell die Hand aus. Ich musste früh relativ selbständig sein. An meinem ersten Schultag wurde ich nicht, wie die anderen Kinder, zur Schule gebracht, sondern ging allein. Ich stand allein auf, machte mir allein Frühstück und die Waschlappen nass, sodass es aussah, als hätte ich mich auch allein gewaschen. Mama schlief um diese Zeit noch.

Ich erinnere mich an eine Szene, die jedem Therapeuten

die Hose nass machen würde: Ich war etwa acht Jahre alt und wollte morgens zu Mama ins Bett kuscheln gehen oder einen Tschüssi-Kuss abholen oder eine ähnliche Intimität einfordern. Und Mama drehte sich weg und sagte: »Bitte nicht, ich mag das nicht so gern.« Und der kleine tapfere Emo-Soldat, der ich war, dachte sich nichts. Speicherte einfach ab. Aha. Soso. Kein Kuscheln mehr. Wird schon seine Richtigkeit haben. Aye-aye, Sir. Ich habe das, soweit ich weiß, nie hinterfragt. Nicht gequengelt, nicht bittebitte gesagt. Einfach umgesetzt.

Generell wurde ich ziemlich streng erzogen. Verbummelte ich zum Beispiel meine Fellmütze, gab es zwei Wochen Hausarrest. Fand ich sie ein paar Tage später in der Schule wieder, änderte das nichts an der Strafe. Verlor ich meinen Schlüssel, der immer an meinem Hals zu baumeln hatte, gab es Fernsehverbot. Hatte ich mein Bett nicht gemacht und Mama zusätzlich einen schlechten Tag, gab es eine ordentliche Ohrfeige. Zack, so einfach.

Meine unvermeidliche Pubertät überforderte Mama und mich wohl gleichermaßen. Ich wurde laut, zickig, aufmüpfig. Zwischen Mama und mir wurde es unerträglich. Die letzte Backpfeife bezog ich mit sechzehn.

Aber meine Mama konnte auch großartig sein. Jedes Jahr bastelte sie mir einen Adventskalender mit kleinen Geschenkchen drin, sie malte mir lange und bunte Briefe ins Ferienlager, machte meine Geburtstage zu einem aufregenden Event, und als ich zum ersten Mal meine Tage bekam, schenkte sie mir einen Blumentopf. »Richtige Frauen kriegen auch richtige Blumen!«, sagte sie und ging mit mir zusammen Binden kaufen.

Als ich achtzehn wurde, schrieb sie mir einen rührenden Brief, den sie auf den Geburtstagstisch legte. Sie beschrieb ihre Schwangerschaft, ihre Ängste damals, meine Geburt, meine ersten Jahre, wie sehr sie mich geliebt hat und wie sehr sie es noch tut. Dass sie stolz auf ihr »schönes und schlaues Kind« ist und dass sie mir so sehr wünscht, glücklich zu werden im Leben. Sie bat mich, ihr ihre Ungeduld mit mir und ihre Strenge zu vergeben. Sie wollte es immer besser machen als ihre Eltern, aber irgendwie fiel der Apfel dann doch recht stammnah.

Meine Mama hat mich sehr lieb, und das weiß ich. Sie hat es einfach nicht leicht gehabt, und niemand versteht besser als ich, dass es schwer ist, die Nerven zu behalten, wenn einem das Leben ins Gesicht spuckt.

Mit neunzehn Jahren nahm ich mir eine eigene Wohnung, woraufhin sich das Verhältnis zwischen mir und meiner Mutter schlagartig entspannte. Mama zog aus der Wohnung meiner Kindheit aus, verliebte sich neu und wurde, fünf Jahre später, wieder verlassen. Ich brachte Schokolade und Musik und schlaue Worte gegen den Liebeskummer, Mama war stolz auf mich und froh, dass ich da war.

Irgendwann wurde sie krank. Manche Sachen werden einem ja nur unzureichend erklärt, also dachte ich, es ginge ihr körperlich schlecht, aber es war ihre Seele, die krank wurde. Sie bekam Angstzustände und Tabletten. Sie zog für sechs Wochen zu Oma und erzählte am Telefon nur wenig über sich und lenkte das Thema auf mich um. *Wie geht es denn dir so?* Depressionen sind vererbbar. Ob Oma auch welche hat, fragte ich mich damals in die falsche Richtung. Heute weiß ich, dass wir uns sehr ähnlich sind.

Dass wir funktionieren wollen. Müssen. Alles andere ist indiskutabel.

Ich bin zum Kaffee in Mamas kleine Zwei-Zimmer-Wohnung geladen. Sehr unregelmäßig machen wir das. Wir rauchen viel, trinken ordentlich Kaffee und reden über dies und das. Manchmal ist es ganz entspannt, manchmal eine Pflichtveranstaltung. Vor allem in den letzten Monaten hatte ich einfach nicht mehr so viel zu erzählen. Wo weder Job noch Freund sind, gibt es auch keine aufregenden Geschichten.

Müde klingele ich und hoffe, dass wir heute schnell miteinander durchkommen. Mama macht die Tür auf. »Mutti!«, sage ich grinsend, um sie zu ärgern, und ehe ich mich versehe, schießt mir das Wasser in die verquollenen Augen. Mama nimmt mich wortlos in den Arm und beginnt sofort eine professionelle Evakuierung. Ich werde ausgezogen und aufs Bett manövriert. Sie legt sich neben mich und macht alles richtig. Sie drückt mich an ihre Brust und streichelt mir langsam und ausdauernd über den Bauch, während ich mich leer weine. Ich erinnere mich nicht daran, ihr körperlich jemals so nah gewesen zu sein. Dann kocht sie mir Kaffee und steckt mir eine Zigarette in den Mund. Ich sage nichts, und sie fragt nichts. Ich rauche, sie streichelt. Irgendwann sagt sie doch was: »Papa hat mich vorhin angerufen.« Ich fühle mich für einen Moment verraten. Man hat hinter meinem Rücken über mich gesprochen. Über die psychische Verfassung des gemeinsamen Kindes. Mama war also schon bestens vorbereitet auf mich. Während ich noch dachte, dass wir nur Kaffee trinken.

Ich wäre auch so gern vorbereitet gewesen auf mich.

»Du wohnst ab jetzt erst mal hier«, bestimmt Mama.

»Quatsch«, protestiere ich. Und dass es schon wieder geht.

»Selber Quatsch!«, sagt sie »Du bist jetzt krank, also bleibst du erst mal hier, und morgen gehen wir zu einem Psychiater und hören mal, was der sagt.«

Dann erklärt sie mir einiges über die Natur von Depressionen und dass der erste Schritt ist, sie anzunehmen. Sich nicht zu wehren. Sondern zu akzeptieren, dass man sich, wie eine Erkältung, eine eingefangen hat und dass man die auch wieder loswerden kann. Sie erzählt, wie es ihr nach der Trennung von ihrem Freund ging und dass man manchmal einfach irgendwann nicht mehr kann. Die Kontrolle abgeben muss. Dass der Körper einem gegen das Schienbein tritt, um klarzustellen, dass jetzt mal gut ist. Ich werde traurig von ihren Erzählungen, und ich schäme mich, weil ich gar nicht wusste, wie schlecht es ihr in dieser Zeit wirklich ging, und bekomme zugleich Angst, dass das vielleicht meine Zukunft sein könnte. Mama sagt: »Du hast den Tiefpunkt schon erreicht. Schlimmer kann es nicht mehr werden.« Ich bin beruhigt. Jetzt kümmert sich meine Mama um mich. Meine Mama.

Psychiater, das wird oft verwechselt, sind keine Psychotherapeuten. Also sie können auch psychotherapeutisch behandeln, aber dieser Teil ihrer Profession interessiert mich nicht, eine Psychotherapie mache ich ja schon bei Anette. Psychiater sind Fachärzte, Diagnostiker wie Fernseharzt Dr. House. Sie finden, auf einer medizinischen Ausbildung basierend (von dem sympathisch frustrierten TV-Humpeldoktor inspiriert, immer häufiger auf recht unkonventionelle Art und Weise), heraus, was einem im Kopf oder in der Seele oder im Neurotransmitteraufbewahrungsort des Hirnes fehlt. Sie stellen eine messerscharfe Diagnose und verschreiben gegebenenfalls Tabletten.

Dr. Kleve ist Fachärztin für Psychiatrie und unsere dritte Wahl. Mama und ich fahren seit neun Uhr morgens durch die Stadt, um einen Arzt zu finden, der sich Zeit nimmt für mich. Die beiden ersten, Mamas eigene Psychiaterin und die einer Bekannten, haben entweder keine Sprechstunde oder nehmen keine neuen Patienten. Wir beschließen, meine Verfassung ein wenig zu dramatisieren. Ich habe gut geschlafen und fühle mich zwar schwach, aber relativ ruhig und sicher, trotzdem erzähle ich der Sprechstundenhilfe, dass ich akute Angstzustände habe. Das funktioniert, und ich bekomme eine Audienz.

Frau Dr. Kleve erinnert mich an Jodie Foster, was ich enorm beruhigend finde. Sie ist konzentriert und ernst, blickt mir sehr aufmerksam und feste in die Augen, fragt mich nach Symptomen im Speziellen und meinen aktuellen Lebensumständen im Allgemeinen. Inzwischen kann ich diese Fragen sehr gut zusammenfassend beantworten, so oft, wie sie mir von meinem Umfeld gestellt wurden. Ich ärgere mich ein wenig, dass ich meinen Monolog nicht auf Band aufgenommen habe, dann müsste ich ihn zukünftigen Ärzten nur noch vorspielen und könnte in der Zwischenzeit in Ruhe popeln oder eine rauchen gehen.

Frau Dr. Kleve erklärt mir sachlich, dass ein ausgeglichenes Leben auf fünf Säulen steht: Familie, Liebe, Wohnung, Beruf und Freunde stützen es. Bei mir allerdings sind in kurzer Zeit mehrere Säulen weggebrochen. Das verursacht ein Ungleichgewicht, das nicht für jeden tragbar ist. Es ist also völlig nachvollziehbar, warum es mir so geht, wie es mir geht. Des Weiteren erklärt sie mir den medizinischen Hintergrund einer Depression: Soweit ich das verstanden habe, wird während einer Depression aus irgendwelchen Gründen weniger Serotonin produziert. Das ist ein Botenstoff, der im Gehirn unter anderem Erregung weiterleitet. Wut und Trauer und Angst werden nicht mehr vernünftig über die Synapsen weitergegeben und recycelt, und es kommt zu einem Erregungsstau. Wie wenn die Toilette verstopft ist. Die Kacke stapelt sich. Für diesen Fall werden oft Antidepressiva verschrieben, die das mit dem Serotonin wieder in Ordnung bringen. Frau Dr. Kleve hat mir das sehr genau beschrieben, sogar aufgemalt, aber ich habe nur die für mich interessanten Fakten behalten: Ich bin verstopft. In meinem Kopf wird nicht mehr aufgeräumt, ich kann bei meinen Gefühlen nicht mehr zwischen wichtig und unwichtig entscheiden. Also bitte gern her mit den Tabletten.

Aber Frau Dr. Kleve möchte erst noch ein paar Informationen über mich. Und ich möchte eigentlich auch noch ein bisschen mehr erfahren. »Habe ich jetzt eine echte Depression? Wie lange dauert so was?«

»So einfach ist das alles nicht, Frau Herrmann«, sagt sie. »Ihre Symptome sind nicht eindeutig. Besonders symptomatisch für eine Depression ist zum Beispiel starkes Grübeln. Grübeln Sie viel?«

Darüber grübele ich kurz nach. »Ich weiß nicht. Ich glaube nicht. Nicht mehr als sonst. Also jedenfalls nicht so, wie ich mir klassisches Grübeln vorstelle. Über den Sinn des Lebens zum Beispiel. Nein, eigentlich nicht.«

»Haben Sie Probleme beim Einschlafen?«

»Nein. Also normalerweise ja, aber seit alles so schlimm ist, kann ich das wirklich gut. Also Einschlafen. Auch Durchschlafen. Nur das Aufwachen ist schrecklich.« Ich erkläre ihr, wie fürchterlich meine Morgen sind. Sie sagt, dass eigentlich schlechte Abende symptomatisch wären.

Nach noch ein paar weiteren Fragen schließt sie vorerst eine klassische Depression aus, zieht aber eine depressive Verstimmung in Erwägung, was sehr gut auf meine Lebensumstände zurückzuführen sei. Außerdem hält sie es für wahrscheinlich, dass ich eine Anpassungsstörung habe. Das glaube ich gerne, Neues macht mir nämlich immer erst mal Angst.

Frau Dr. Jodie Foster Kleve verschreibt mir ein leichtes

Antidepressivum, das zusätzlich angstlösend wirkt. Sie erklärt, dass die pharmazeutische Entwicklung in diesem Bereich schon sehr weit fortgeschritten ist, dass die Tabletten nicht abhängig machen und keine dauerhaften schädlichen Nebenwirkungen haben. Ich soll sie mindestens ein halbes Jahr lang nehmen, denn Serotonin braucht eine ganze Weile, um sich zu regulieren, und ich soll mich nicht wundern, während der ersten Tage der Einnahme können ein paar Nebenwirkungen auftreten, die aber in fast allen Fällen unbedenklich sind und nach spätestens einer Woche wieder verschwinden werden. Leider verstärken sich dabei oft bereits bestehende Symptome wie Unruhe oder Müdigkeit. Die angstlösende Wirkung setzt normalerweise recht zügig ein, die antidepressive nach spätestens drei Wochen. Für den Notfall gibt sie mir ein Rezept für die gleichen blauen Beruhigungstabletten, die ich in der Notaufnahme bekommen habe. Nur für akute Panikanfälle, denn diese Tabletten machen bei Missbrauch tatsächlich abhängig. Top, die Wette gilt.

In drei Wochen will mich Frau Dr. Kleve wiedersehen, sollte ich Probleme mit den Tabletten haben, kann ich gern auch einfach früher vorbeikommen. Auch sie empfiehlt, weiter zur Therapie zu gehen, und auf meine Frage, wann ich denn wieder völlig gesund bin, antwortet sie, zum ersten Mal lächelnd: »Das kann man nicht so genau sagen, aber Ihr Liebeskummer wird spätestens in einem halben Jahr sehr viel besser aussehen.«

Na denn. Wenigstens das.

Wieder mit Mama zu leben ist eigenartig und schön. Wir sind eine Mädchen-WG. Ganz schnell haben wir kleine Rituale: Mama steht immer vor mir auf. Sie braucht eine halbe Stunde, um mit Hilfe eines Kaffees langsam die Bühne des neuen Tages zu erklimmen. In dieser Zeit wälze ich mich im Bett und versuche, müde zu bleiben, um nicht so schnell dumpf zu werden. Wenn ich das aufgebe und ins Bad schlurfe, schmeißt Mama den Wasserkocher für meinen Getreidekaffee an. Ich bin so unruhig, dass richtiger Kaffee mich wie einen Werber auf Koks wirken lassen würde. Und das ist ja schon ohne Depression nicht erstrebenswert. Mit frischem Atem und hängendem Oberkörper schleiche ich in die Küche, wo Mama jeden Morgen einen Toast mit irgendwas drauf für mich hinstellt, den ich jedes Mal nicht esse. Besonders morgens ist essen komplett unmöglich. Nach dem Aufwachen habe ich ein Gefühl wie vor enorm wichtigen Prüfungen oder einer Operation am offenen Herzen. Stundenlang. Da kann man nichts essen. Aber meine Mama ist eben eine Mama und bittet mich, wenigstens die Hälfte zu essen, und wir einigen uns auf einen Bissen, nach dem ich immer theatralisch »Bäh!« sage. Aber wir lassen mich nicht verhungern. Wir kaufen dicke Schokomilch und Gemüsesaft, denn trinken geht gut. Mit unseren Heißgetränken nehmen wir immer zur gleichen Zeit unsere *Mackentabletten*, die gemeinsam wie gute Freunde in einem kleinen Tonschälchen liegen. Das finden wir beide sehr komisch. Dann wird die Balkonschicht ausgelost. Mama will meistens nur eine Zigarette lang (in meiner Familie wurde Zeit schon immer in Zigaretten gemessen) nach draußen, ich für den Rest des Vormittags. Denn da kann ich in der Sonne sitzen und an meinem Karo-Kaffee nuckeln und zusehen, wie ich ein wenig ruhiger werde.

Jeden Tag lese ich Scheiße. Viele Bücher, die alle »Schokolade zum Frühstück« oder »Erdbeermund« oder »Neue Schuhe zum Dessert« heißen. Der dämlichste Titel ist wohl »Prada, Pumps und Babypuder«. Dafür schäme ich mich so, dass ich das Buch in eine Zeitungsseite schlage. Aber triviale Frauenliteratur ist das Einzige, was geht dieser Tage. Internet und Fernsehen machen mir große Angst. Ich weiß nicht, weshalb, aber beides wirkt auf mich bedrohlich. Zu nah an der Realität, am richtigen Leben. Ich fühle mich aber nicht real und möchte deshalb auch nichts von einem Leben, das ich grad nicht leben darf, mitbekommen.

Wenn Mama keine Zeit hat, kümmert sich mein Zivi Nelson um mich. Wir spielen Karten und laufen durch den Park.

Schon nach drei Tagen habe ich das Gefühl, fast vollständig geheilt zu sein. Ich bin immer noch matt und niedergeschlagen, aber schließlich habe ich nur eine kleine depressive Verstimmung und ein wenig Liebeskummer, das ist ja kein Beinbruch.

Ich beschließe, dass es wieder Zeit ist, allein zu wohnen. Das schreibe ich Mama auf einen Zettel und fahre nach Hause. Dort bin ich vorsichtshalber sehr behutsam mit mir und exerziere all die Sachen durch, die man immer im Fernsehen und in Frauenzeitschriften sieht, wenn es ums Wohlfühlen geht: Ich nehme ein entspannendes Bad, rasiere mir schaumreich die Beine, stelle überall Kerzen auf und kuschele mich auf mein Sofa. Ich bin nur ein Paar zu große Wollsocken und eine Tasse heißen Kakao weit von den Frauen aus meinen blöden Büchern entfernt. Um das wieder auszugleichen, rauche ich viel und versuche, ein wenig zu masturbieren. Das kann ich, wie vieles, ziemlich schnell erfolgreich. Masturbieren ist bei mir immer eine ziemlich sichere Bank. Heute funktioniert es jedoch überhaupt nicht. Meine Freunde, die Orgasmen, verstecken sich vor mir. Ich fühle *nichts*. Nach zehn Minuten gebe ich auf und schlafe verärgert ein.

Schlimmer kann es nicht mehr werden, hatte Mama gesagt. Schlimmer geht immer, sagt aber der Volksmund. Und mitten in der Nacht tritt der Beweis zum Appell an.

Ich wache mit einem Brennen in der Brust auf. Ich bin schlagartig wach und so aufgeregt, dass ich glaube, platzen zu müssen. Mein Herz rast wie das eines kleinen Vögelchens. Ich stehe im Bett und versuche, die Situation zu erfassen, mich irgendwie zu beruhigen. Nackt auf den Balkon, bringt nichts. Atmen bringt nichts. Ich renne durch die Wohnung, das Brennen in der Brust weitet sich auf den linken Oberarm aus. Hitze in meinem gesamten Oberkörper. *Heißheißheiß.* Alles brennt. Ich habe einen Herzinfarkt. Was muss ich jetzt machen? Den Notarzt anrufen? Was, wenn die mich auslachen? Zitternd suche ich die hellblauen Notfalltabletten, die mir Frau Dr. Kleve mitgegeben hat. Wenn Notfall, dann wohl jetzt. Ich weine vor Angst im Bad. Allerdings ohne Flüssigkeit. Vermutlich ist mein Körper anderweitig beschäftigt und hat jetzt keinen Nerv für Tränenproduktion.

Ich rufe Mama an. Ich benötige drei Versuche, ich treffe die Tasten nicht. Obwohl es zwei Uhr früh ist, geht Mama ans Telefon. »Mama, irgendwas stimmt nicht, kann ich zu dir?«

Natürlich kann ich. Ich nehme ein Taxi und komme einfach nicht runter. Ich zappele auf der Rückbank rum und versuche, mich zu beherrschen. Das Feuer in meinem Oberkörper schwelt zwar nur noch, doch die Unruhe bleibt. Ich bin der größte Sack Flöhe, den die Welt je gesehen hat. Ich zittere. Zu viel Trinkgeld, keine Zeit für Wechselgeld.

Mama öffnet die Tür, und ich hebe einfach nur noch die Arme, damit Mama mich übernehmen, mich wieder ausziehen und ins Bett legen kann. »Habe ich einen Herzinfarkt?«, frage ich laut schluchzend. »Nein, das ist ein Panikanfall, Süße. Der ist fürchterlich hässlich, aber gleich wieder vorbei!«

Ich liege im Bett und werde gestreichelt. Sehr langsam beruhige ich mich.

Mama holt Zigaretten und legt sich zu mir aufs Bett. »Du musst das zulassen, Karo! Akzeptiere, dass du ein bisschen krank bist. Stell dir vor, dass du jetzt hier eine Kur machst. Verdrängen macht dein Körper einfach nicht mehr mit.« Ich wimmere nur als Antwort. Mama verschwindet kurz und kommt mit einem alten Ring wieder. Sie stülpt ihn über meinen Finger. Er ist silbern und schnörkellos und hat einen rund geschliffenen durchsichtigen Stein, so groß wie ein Daumennagel. »Das ist Bergkristall«, sagt Mama. »Bergkristall zieht schlechte Energien aus dir raus. Egal, ob du den jetzt schick findest oder nicht, der hilft!« Das ist gut, finde ich und schlafe mit Bergkristall am Finger und angeschaltetem Licht ein.

Ich gebe dann jetzt mal auf.

Ich kann zurzeit nicht alleine sein, geschweige denn, alleine wohnen.

Ich bin ein bisschen kaputtgegangen.

Ich kann das mal nicht alleine wieder auf die Reihe kriegen.

Ich bin zur Kur.

»Das Hotel Mama hat exklusiv vierundzwanzig Stunden für dich geöffnet, und der Concierge hat dich sehr lieb«, sagt der Concierge Mama.

»Aber ...«, murmle ich.

»Ich bin deine Mama, das hier ist mein Job, wenn du dich noch einmal für die Umstände entschuldigst, wirst du enterbt«, droht Mama. Das ist natürlich lächerlich, weil Mama nicht einen Pfennig zum Vererben hat.

»Deine Depression haste mir schon vererbt. Bei dir ist nix mehr zu holen«, witzele ich. Mama grinst fast stolz und sagt, dass wir beide nun mal Mackenmädchen sind. Dass wir super aussehen, aber eben eine Macke haben.

Wir versuchen, uns trotzdem irre reizvoll zu finden.

In den nächsten Tagen geht es langsam voran. Die Nebenwirkungen der Antidepressiva halten sich in Grenzen.

Ich bin weiterhin sehr unruhig, aber das legt sich im Laufe des Tages ein wenig, außerdem habe ich immer einen trockenen Mund und schwitze vermehrt. Ich muss auch öfter pinkeln als sonst, aber da ich fast ausschließlich in Mamas Wohnung bin, ist ein Klo jederzeit in der Nähe.

Ich fühle mich nicht besser, aber ausgeglichener. Die Kopfverstopfung löst sich. Ich bin immer noch traurig und unglücklich, aber ich bin nicht mehr überfordert. Ich akzeptiere, und die Tabletten machen ihren Job. Eine Befürchtung, die viele Menschen haben, ist, dass Antidepressiva das Bewusstsein, die eigene Persönlichkeit verändern. Dass man von Tabletten gesteuert ist und nicht mehr man selbst. Das stimmt aber nicht. Ich fühle mich nicht fremd. Die Tabletten machen mich nicht falsch glücklich, nur weniger chaotisch. Ich bin traurig, wenn ich traurig bin, und unsicher und ängstlich, wenn es passt. Nicht mehr alles auf einmal. Und allein das erleichtert mich ungeheuer. Im Auto kommen mir die Tränen, wenn im Radio ein trauriges Lied läuft. Philipps und mein Lied. Aber es gefällt mir, denn ich weiß in dem Moment, warum ich weine. Weil mir Philipp fehlt, und weil ich mir leid tue. Das ist super!

Mama und ich gehen Babyschritte mit mir. Wir nehmen uns immer nur eine aufregende Sache pro Tag vor: Manchmal ist das ein Ausflug in den Supermarkt, um Lebensmittel zu kaufen, die ich eh nicht esse. Am nächsten Tag ist es ein Spaziergang zum nahe gelegenen Einkaufszentrum, um noch mehr blöde Mädchenbücher zu kaufen. Ich lese eins pro Tag. Ich bin immer noch sehr müde und schlafe manchmal tagsüber ein. Nach wie vor macht mich das dumpf und traurig. Jeden Abend steckt mich Mama in die Badewanne und sagt, dass ich mir die Füße eincremen soll. »Die tragen dich schließlich durchs Leben!« Irgendwie machen wir in diesen Tagen nochmal meine gesamte Kindheit durch. Diesmal richtig. Ich glaube, dass ich Mama auch gut tue. Wir spielen Zeitreise und verändern die Vergangenheit. Abends wirft sich Mama zu mir aufs Bett und sagt: »Habe ich Ihnen heute schon gesagt, dass ich Sie lieb habe?« Ich antworte dann immer: »Nein«, und dann sagt Mama, dass sie mich lieb hat. Dann checkt sie ihre Mails, denn der Computer steht in ihrem Schlafzimmer, in dem ich jetzt wohne, und danach spielt sie noch ein bisschen Solitär am PC. Wir rauchen eine Gute-Nacht-Zigarette zusammen, und anschließend geht sie ins Wohnzimmer auf die Couch. Nach ein paar Tagen kaufe ich ihr ein kleines ausklappbares Gästebett, damit sie es nicht ganz so ungemütlich wegen mir hat.

Weiterhin versuche ich, alles gut und richtig zu machen. Ich nehme meine Tabletten, gehe zur Therapie, überfordere mich nicht.

Ich akzeptiere wie eine Besessene, dass ich *krank* bin, dass ich daran nichts ändern kann und dass alles wieder gut wird.

Ich versuche, auf Anettes ausdrücklichen Rat hin, mich selbst mehr zu spüren, was auch immer das bedeutet. Ich soll mir Gutes tun. Freundlich zu mir selbst sein. *Hallo, liebe Karo, wie geht es dir heute? Gut? Schön! Kann ich sonst noch was für dich tun? Nein? Bitte lass es mich wissen, wenn du etwas brauchst!*

Manchmal streichele ich mich heimlich. Am Arm, im Gesicht. Ich umarme mich sogar. So wie man das früher in der Grundschule gemacht hat und irre lustig fand: sodass es von hinten aussieht, als wären es nicht die eigenen Arme. Ich tue das, weil ich nicht weiß, was ich sonst noch machen soll. Und eine schöne Selbstumarmung scheint mir doch eine sehr eindeutige Form von Zu-sich-selbst-lieb-Sein zu sein.

Ich möchte Erfolge. Ich möchte bald wieder im normalen Leben mitspielen dürfen. Wie die anderen Kinder sein.

Mama und ich gehen in einen Esoterikladen, in dem es Steine und Buddhas und Bücher über Mondphasen und Räucherstäbchen und anderen Hippie-Fetischkram gibt. Ich glaube an diese Dinge auf die gleiche Art, wie ich an Horoskope glaube: eigentlich nicht. Aber wenn's dann doch mal passt: warum nicht?

Und jetzt kann ich alle Hilfe gebrauchen, die ich kriegen kann. Mamas Bergkristallring ist erst der Anfang. Ich kaufe den halben Laden: einen weiteren Bergkristall zum Umhängen, eine Schutzengelstatue aus Sandstein, zwei grüne Steine für Ausgeglichenheit (einen fürs Portemonnaie und einen fürs Auto) und eine CD »Autogenes Training«. Das wurde mir von Mama, Frau Dr. Kleve und von Anette empfohlen. Dann muss es ja gut für mich sein. Viele Köche verderben meinen Brei nicht! Es ist gar nicht so einfach, sich für eine von etwa zwanzig CDs zu entscheiden. Mama rät: »Auf die Stimme des Sprechers kommt es an.« Also hören wir in ein paar CDs rein. Ich würde mir ja die Synchronstimme von Al Pacino wünschen, aber der Laden hat nur eine von einem Mann besprochene CD, und der klingt wie der Moderator vom Supermarktradio. Sonst ausschließlich Frauen. Agent Dana Scully fände ich ganz gut. Oder Jodie Foster. Die könnten mir überzeugend befehlen, die Augen zu schließen und mich zu entspannen. Oder was immer einem bei autogenem Training befohlen wird.

Generell fällt es mir eher schwer, mich zu entspannen. Während Massagen bin ich zum Beispiel völlig unentspannt. Ich versuche so angestrengt, entspannt zu sein, dass ich mich einfach nicht entspannen kann. In wohlig warmen Schaumbädern kann ich nur etwa zehn Minuten lang so tun, als würde ich *den Alltag draußen lassen*. Dann werde ich hibbelig und muss wieder raus. Ich fahre auch lieber drei Stunden lang mit dem Auto über diverse Dörfer zum Ziel, als zehn Minuten auf der Autobahn im Stau zu stehen. Ich täusche lieber einen Orgasmus vor, als mich zu langweilen, während ein freundlicher Herr sich wirklich Mühe gibt. Ich muss immer in Bewegung bleiben.

Ich kaufe »Autogenes Training« von Susanne Hühn, die noch am wenigsten nach Nagelstudioangestellter klingt. Wie ein neues Kleid ziehe ich mir die neue CD sofort an, sobald ich wieder in Mamas Schlafzimmer bin. Ich lege mich aufs Bett, dämpfe das Licht und lege mir meinen Laptop, auf dem ich alle meine CDs höre, auf den Bauch. Das ist auch schön warm. Susanne Hühn hat ordentlich Hall auf der Stimme. Entweder hat sie den Spaß in einer Turnhalle aufgenommen, oder das muss so sein. Damit sich der Hörer vorstellen kann, dass Susanne ziemlich dicke ist mit Engeln oder Gott oder sich selbst. Dazu kleckern atmosphärische Klänge aus meinem Computer. So nennt man das nämlich, wenn es irgendwie nach Wal und Mönchschor klingt. Susanne hat außerdem einen Sprachfehler. Sie spricht ein sehr scharfes S, was durch den Hall verstärkt wird und mich schon während der ersten zwei Sätze wahnsinnig macht. Aber deswegen höre ich ja der Susanne zu. Damit ich nicht so schnell wahnsinnig werde.

»Beim autogenen Training geben Sie sich selbst Ihre Anweisungen!«, ssssst Susanne.

Das klingt doch schon mal top. Das kann ich, darin bin ich ssssehr gut. Also erster heimlicher Versuch: *Entspann dich, Karo! Sofort! Und bei der Gelegenheit wirste bitte auch schnell wieder gesund im Kopp, ja?*

Haha, schon klar, so läuft das nicht. Aber es ist eher

langweilig, Susanne zuzuhören. Und wir sind erst bei der Einleitung. Die ganze CD ist in zwölf Titel unterteilt:

01.	Einleitung	2:35
02.	Entspannung	2:18
03.	Ruhe und Schwere	4:35
04.	Wärme	6:04
05.	Herz	6:10
06.	Atem	6:44
07.	Sonnengeflecht	7:35
08.	Stirn	8:26
09.	Nacken	6:03
10.	Mut	5:06
11.	Schmerzfrei	5:10
12.	Zum Einschlafen	5:31

Eine Stunde, sechs Minuten und sechsundfünfzig Sekunden Entspannung. Ich beschließe, »Sonnengeflecht« und »Stirn« sofort zu löschen. Fast siebzehn Minuten gespart. »Zum Einschlafen« und »Schmerzfrei« werde ich auch nicht brauchen, also weg damit. Weitere zehn Minuten im Papierkorb meines Computers. Auf die Einleitung kann ich auch verzichten, habe ich ja schon zur Hälfte gehört. Den Rest will ich erst mal testen, beschließe aber heimlich, »Herz« auch zum Teufel zu jagen. Voraussichtlich geht es da nämlich nicht um *mein* Herz, sondern nur um *das* Herz.

Und wenn ich schon am Computer sitze, beziehungsweise unter ihm liege, kann ich auch schnell nochmal im Internet nachsehen, was autogenes Training eigentlich bitteschön genau sein soll. Wikipedia schlaumeiert: »Das autogene Training ist eine auf Autosuggestion basierende Entspannungstechnik und eine weitverbreitete und anerkannte Methode, um Stress und psychosomatische Störungen zu behandeln.« Soso.

Noch eine schnelle Runde Solitär am Computer, und dann entspanne ich mich weiter. Und eine Zigarette rauchen noch. Die sind aber bei Mama im Wohnzimmer.

»Und? Was macht dein autonomes Training?«, fragt Mama grinsend. Mist, den Witz hätte ich gern zuerst gemacht.

»Naja, Susanne Hühn klingt ein bisschen wie eine Jeansverkäuferin in der Royal Albert Hall, aber ich denke, wir könnten Freundinnen werden. Wenn sie nur ein wenig schneller sprechen würde.«

Mama sagt nix und grinst weiter. Sie kennt ihr ungeduldiges Kind. Wir rauchen zusammen. Lieber zwei Zigaretten als eine, schließlich wird während der nächsten einunddreißig Minuten (ohne »Herz«) Rauchen ungern gesehen werden. Ich erfinde noch ein paar halbgare Gesprächsthemen, aber weder ich noch Mama noch Susanne sind doof, und deshalb scheuchen wir drei mich nach der fünften Zigarette zurück ins Schlafzimmer zum Entspannen unter Aufsicht.

Track 2, »Entspannung«, beginnt mit Windspiel-Gebimmel und Panflöte. Vierundvierzig Sekunden lang. Na, das werde ich beim nächsten Mal vorspulen. Schließlich sagt Susanne Hühn: »Du setzt oder legst dich bequem hin.« Plötzlich duzt sie mich. Bei der Einleitung waren wir noch beim Sie. Aber gut. Hinsetzen oder legen. Bequem. Hab ich doch schon längst. Als ob irgendwer am Anfang einer solchen CD tatsächlich noch total angestrengt irgendwo rumstehen würde, um erst mal abzuwarten, was man machen soll.

»Du erlaubst dir, zur Ruhe zu kommen. Es gibt nichts mehr zu tun ... Du darfst dir vorstellen, alles was dich jetzt noch belastet, in ein kleines Päckchen zu packen und vor die Tür zu stellen.«

Kleines Päckchen. Ich zeig dir mal mein Päckchen, Susanne! So schnell krieg ich das nicht verpackt.

»Du darfst der Außenwelt erlauben, sich nun eine Weile ohne dich weiterzudrehen.«

Na, da war ich aber wieder schneller, Susanne. Die Welt dreht sich schon seit fast zwei Wochen ohne mich!

»Du richtest deine Aufmerksamkeit nun nach innen. Auf deine Innenwelt. Es ist so wichtig für dich, in deine eigenen Tiefen zu sinken ... Hier tief in dir findest du die Kraft, mit der du deinen Alltag meisterst, du begegnest deiner eigenen Leichtigkeit, deiner Stille und deiner Selbstheilungskraft.«

Der zweite Track ist vorbei. Wenn Susanne mir die ganze nächste halbe Stunde lang erzählt, was ich alles darf und wem ich in mir begegne, drehe ich durch.

Track 3, »Ruhe und Schwere«. Gleiches Windspiel und gleiche Panflöte. Ich spule bis Sekunde vierundvierzig. Mist, zu weit. Susanne spricht diesmal schon bei Sekunde achtunddreißig. Sie sagt: »Ich bin vollkommen ruhig und gelassen.« Na, das ist doch sehr schön für Susanne. Aber sollte *ich* nicht vollkommen ruhig und gelassen sein? Oder zumindest werden?

»Tiefe Ruhe durchzieht meinen ganzen Körper ... Meine Arme sind ganz schwer.«

Das ist ja ein Ding! »Mama! Susannes Arme sind ganz

schwer!«, brülle ich durch zwei geschlossene Türen ins Wohnzimmer. Ich höre Mama seufzen. Das Kind spielt wieder mit dem Essen. Ist ja gut. Ich konzentriere mich jetzt wirklich.

»Meine Arme sind ganz schwer«, wiederholt Susanne geduldig. »Ich bin vollkommen ruhig und gelassen, Arme ganz schwer. Ganz schwer.«

Augenscheinlich beruht das Ganze auf dem Prinzip der Wiederholung. Und Susanne sagt jetzt zwar *ich*, meint aber *du* beziehungsweise *Sie*. Der Hörer soll die Ansprache im Kopf nicht mehr übersetzen müssen, sondern direkt losfühlen und losentspannen. Also bin *ich* wohl ganz entspannt und habe schwere Arme.

»Mama!«, brülle ich. »Ich habe mich geirrt. *Ich* bin ganz entspannt und habe schwere Arme!«

Ich höre Mama kichern. Gut.

Susanne wiederholt sehr oft, dass wir ganz ruhig und gelassen sind und dass unsere Arme ganz schwer sind. Bestimmt zehnmal. Das ist so öde, dass ich tatsächlich ganz entspannt werde. Entspannung durch Langeweile.

»Ich balle beide Hände zur Faust, ich beuge beide Arme fest zu den Schultern hoch und spüre die Kraft meines Körpers. Ich atme tief ein und aus. Ich öffne die Augen.«

Huch. Was Neues.

Das ist toll! Ich bin vor Langeweile so schlaff geworden, dass ich mich tatsächlich sehr stark fühle beim Fäusteballen. Super. Erste Erfolge.

»Fäuste ballen, Arme fest, tief atmen, Augen auf … Fäuste ballen, Arme fest, tief atmen, Augen auf … Fäuste ballen, Arme fest, tief atmen, Augen auf.«

Bedeutet diese Wiederholung, dass ich auch wiederholen soll, oder ist das nur die strenge Ansage an ein un-konzentriertes Kind? Nachdruck durch Wiederholung? Ich kapier das nicht.

Track 4, »Wärme«, funktioniert auch ohne Susanne, der Computer läuft sich nämlich langsam heiß auf meinem Bauch. Ich lege ihn neben mich und warte auf Susannes Stimme zum Thema.

Susanne ist immer noch vollkommen ruhig und gelassen, ihre Arme sind auch noch ganz schwer, ganz schwer. Ab Minute 2:51 sind ihre Arme zusätzlich noch »angenehm warm«.

»Arme angenehm warm … Arme angenehm warm … Arme angenehm warm.«

Nachdruck durch Wiederholung und das Weglassen von Verben.

»Arme und Beine entspannt und angenehm warm.«

Und zwar sehr, sehr, sehr lange. Bis Minute 5:53. Dann ballen wir wieder die Fäuste und beugen die warmen Arme zur Schulter.

Ich bin enttäuscht und spule ein bisschen vorwärts. Beim Track »Atem« sind Arme und Beine immer noch »angenehm warm und entspannt«, zusätzlich sind aber mein Puls und meine Atmung auch ganz ruhig. »Es atmet mich«, sagt Susanne geheimnisvoll.

Ich döse weg und werde von Suzi Quatro geweckt. Da die Musik auf meinem Computer alphabetisch sortiert ist, kommt Suzie nämlich direkt hinter Susanne und weiß aber viel mehr über das Leben: »If you can't give me love, honey, that ain't enough!«, schreit sie mich an.

Genau! So sieht's nämlich aus!

Ich muss an Philipp denken und fange an, zu weinen.

Philipp bekleckert sich im Umgang mit seiner depressiven Exfreundin nicht mit Ruhm. Vermutlich muss er das auch nicht, schließlich steht er in der Firma meines Herzens nicht mehr auf der Gehaltsliste, aber ein wenig Charity erwarte ich schon.

Es ist aber auch schwierig. Die ganzen Gefühle, mit denen ich plötzlich meinen Körper teilen muss, nerven wie Drahtseile. Sie kommen sich ständig in die Quere. Habe ich denn überhaupt Liebeskummer? Macht mir wirklich Philipps Abwesenheit zu schaffen? Oder nur das Fehlen eines Herz-Buben im Allgemeinen? Ist überhaupt die Abwesenheit von romantischer Liebe das Problem, oder bin ich einfach nur traurig, weil das eine Depression nun mal, statt Brot und Salz, zum Einzug mitbringt?

Ich befürchte, dass Philipp mit all diesen Gefühlen nicht viel zu tun hat. Wir konnten uns nicht mal mehr leiden. So einfach ist das. Wir wollten nur nicht allein sein, jetzt müssen wir aber. Das ist also das Ziepen und Zerren in meinem Herzen. Ich möchte nicht allein sein. Ich möchte meine Liebes-Flatrate zurück. Eine Garantie für Zuneigung. Ein Liebes-Buffet. *All you can love.*

Anette meint, dass ich mich zu sehr von Liebe abhängig mache. Dass mir auch Freunde und Familie das Gefühl von Geborgenheit geben können, dass eine Beziehung nur die Olive im Martini ist, aber mal ehrlich: Martini ohne Olive ist scheiße. Und Philipp ist zwar definitiv keine Olive, aber zum jetzigen Zeitpunkt würde ich mir auch die Sardelle, die Philipp ist, in meinen Martini hängen.

Das macht mich natürlich zu einer doofen, armen Wurst. Deshalb bin ich auch so wenig wie möglich Ich und melde mich nicht bei Philipp. Ich bitte *andere*, sich bei Philipp zu melden. Mama zum Beispiel. Mama ist eine große Brief-Schreiberin, ich bitte sie, Philipp eine Mail zu schreiben, die seriös klarstellen soll, dass ich ernsthaft krank bin. Philipp soll sich schämen, weil er mich in der Notaufnahme im Stich gelassen hat. Psychologische Kriegsführung. Wir wollen an seine Restgefühle für mich appellieren. Er soll sich sorgen und gerne sehr schuldig fühlen. Schließlich war unsere Trennung der Tropfen, der das stinkende Fass Karo zum Überlaufen gebracht hat!

Mama ist leider sehr diplomatisch, und so fällt auch ihre Mail aus. Sie schreibt Philipp, dass ich ein ziemlich schwieriger Mensch sei, dass die ganze Familie meine Depression habe kommen sehen und dass man sich nicht wundern müsse, dass alles kam, wie es kam. Dass es einfach schön wäre, wenn Philipp mir das Gefühl geben könnte, dass er in Notfällen für mich da sei.

Mir wird schlecht.

Wenn man nicht alles selbst macht.

Philipps Antwort lässt nicht lange auf sich warten. Er war schon immer darum bemüht, anderen Leuten zu gefallen. Vor allem meiner Mutter. Deshalb beginnt seine

Mail auch mit »Liebe Claudia!« und endet mit »Schöne Grüße an Deine Tochter!«

Mama und Philipp haben eine neue Brieffreundschaft. Soll ich euch vielleicht kurz allein lassen? Nehmt euch doch ein Zimmer, verdammt!

Die restlichen paar Zeilen klingen, als hätte Doktor Sommer sich übergeben. Philipp schreibt unpersönlichen Mist, dass man sich über meine Depression nicht wundern müsse, so eine komplizierte Persönlichkeit, wie ich doch sei. Er habe es auch kommen sehen, aber ich hätte es ja auch nicht leicht gehabt die letzten Monate. Er habe auch vollstes Verständnis, schließlich habe er auch schon mal eine Depression gehabt. Es sei ja schließlich nicht umsonst eine Künstlerkrankheit. Knickerknacker. Natürlich sei er mir ein Fels in der Brandung, wenn's hart auf hart komme.

Meine Brust fängt wieder an zu brennen. Mein Körper schüttet Adrenalin aus, ich werde kurzatmig und befürchte, gleich Lava zu eruptieren. Aber man lernt ja aus seinen Panikanfällen, also rauche ich erst in Ruhe und dann brülle ich. Ich bin ein sehr zorniger Rohrspatz und schimpfe laut und fäkalausdruckreich. Mama diplomiert und interveniert erfolglos. Nix mit »Ach, Süße« und »Aber er meint es doch gut!« und »Er ist halt ein Mann, die können sich nicht so gut ausdrücken.« Ich kenne Philipp besser als Mama, und am Ende habe ich sie wieder auf meiner Seite und überzeugt, dass mein Ex ein eitler Trottel und somit zu Recht mein Ex ist.

Jetzt müssen wir das nur noch meinem Herzen beibringen.

In den kommenden Tagen habe ich immer mal wieder unbefriedigenden Kontakt mit Philipp. Er ruft nie an und schickt keine Blumen und wartet nicht in gutsitzenden Hosen auf einem weißen Pferd vor Mamas Tür, um sich von mir barsch zurückweisen zu lassen. So wäre jedenfalls der Plan, sollte der Fall mit dem Pferd tatsächlich eintreten.

Stattdessen kommunizieren wir ausschließlich per SMS. Grundsätzlich schreibt er Banales und Unpersönliches. »HEY, GEHT ES DIR INZWISCHEN BESSER?« ist dabei der Favorit. Wahrscheinlich hat er, um Mühe zu sparen, diese SMS inzwischen als Vorlage abgespeichert. Nie bezieht er sich auf uns. Ich fühle mich wie ein niedliches Häschen, das aus sicherer Ferne bedauert wird.

Ich möchte ihm jedes Mal antworten, dass es mir natürlich nicht innerhalb kürzester Zeit besser geht und dass eine Depression eben keine leichte Verkühlung ist, dass ich verdammt nochmal Tabletten nehmen muss, die meinem Kopf sagen, was er zu tun, beziehungsweise auf gar keinen Fall zu tun hat. Ich möchte dauernd *NotaufnahmePsychiaterNotaufnahmeTherapieNotaufnahmekaputt* sagen, aber das wäre natürlich albern.

Also antworte ich schlicht: »JA, DANKE.«

Und auch dieser letzte lahme Versuch von gespielter Distanz funktioniert bei Philipp nicht. Natürlich nicht. So ist er nicht. Keine Spielchen mit Philipp. Nicht, weil er nicht will, sondern weil er sie nicht kapiert. Vermutlich ist es eins dieser Mario-Barth'schen Frauen-Männer-Phänome. Frauen denken immer zehn Schritte weiter. *Wenn ich das und das sage, denkt er sicher dieses und jenes, also sage ich lieber etwas, das macht, dass er das und das denkt.* Männer denken einfach nur den nächsten Schritt. *Ah, sie sagt das hier, so ist es dann also. Karo schreibt, es geht ihr gut. Na, ist doch schön.* Ich schäme mich ein bisschen. Weil der männliche Ansatz natürlich viel schlauer und logischer und richtiger ist. Und weil ich in die Mario-Barth-Falle getappt bin. Und weil ich trotz Erkenntnis nicht anders kann. Oder will.

Ich rufe dann doch an.

»Na?« Ich versuche, meiner Stimme eine hübsche Mischung aus Desinteresse, Verletzlichkeit und unbekümmertem Sexappeal zu geben. Zugegebenermaßen ist das mit einem einzigen Wort relativ schwer.

»Na?«, kommt es zurück. Philipp gibt seiner Stimme eine hässliche Mischung aus Unbekümmertheit und Mitleid.

»Wie geht's dir?« Ich stelle diese Frage immer, um aus der *Na?*-Zeitschleife herauszukommen und von mir abzulenken. Die guten Menschen wissen das und pingpongen direkt zurück. Aber Philipp gehört nicht zu ihnen. Falls er irgendeinen Körperteil von mir in den letzten Wochen vermisst hat, dann wohl mein geduldiges Ohr. Zumindest kommt sein Redeschwall einer mittelschweren Diarrhö gleich. »Och, ganz gut eigentlich. Ich habe jetzt einen anderen Professor, der alte hat irgendeinen Lehrstuhl im Sudan bekommen, obwohl er den null verdient hat, der hatte ja nun wirklich nichts drauf. Der Neue ist so weit ganz cool. Ansonsten werde ich wohl im Herbst mit Jörg und Johanna surfen fahren, wobei ich nicht weiß, ob mein Surfbrett bis dahin wieder fit ist. Irgendein Penner hat sich neulich auf einer Party draufgesetzt, und jetzt hat das Board einen Riss.«

Philipp brabbelt noch weiter Anekdoten aus seinem karofreien Leben, und ich höre auf, zuzuhören. Ich muss nämlich *meinen* Lieblingskörperteilen Kopf und Herz zuhören, die haben plötzlich einiges zu sagen zu meinen aktuellen Lieblingsthemen Wut und Trauer. Ich bin traurig, weil Philipp einfach weiterlebt. Weil ohne mich sein Professor doof und sein Surfurlaub geplant ist. Weil er Partys gibt und Freunde sieht. All das kann ich nicht. Ich möchte, dass Philipp das auch nicht kann. Vor Kummer, Sehnsucht. Aber er wirft mir keinen noch so winzigen Faden rüber, der eine Verbindung zwischen uns herstellen würde. Ich werde eine sichere Armlänge entfernt gehalten.

Zugleich bin ich wütend. Philipp schafft es, selbst in diesem ersten Telefonat nach unserer Trennung, meiner neuen Bekloppheit und der *NotaufnahmeNotaufnahme-Notaufnahme*, sich nicht für mein Seelenheil zu interessieren. Er redet einfach drauflos. Über sichsichsich und banale Alltags-Events. Setzt sein Kopf-Herz-Team denn keinerlei Prioritäten? Oder sind dies gar die Prioritäten? Oder ist MC Ego nur zu dumm (Anette würde sagen *an-*

ders), um zu begreifen, dass dies nicht der Moment ist, um so zu tun, als hätten wir uns gestern erst gesehen?

Mein Kopf, mein Herz und ich legen, während Philipp inzwischen über neue innerstädtische Flächen zum Besprühen sinniert, Wut und Trauer auf meine Emo-Waage. Wut wiegt einiges mehr. Darf es noch ein bisschen mehr sein? Warum nicht.

Bevor mein Eierschalen-Rückgrat bricht, beende ich das Gespräch schnell. »Schön, dass alles so weit in Ordnung ist bei dir. Ich muss jetzt aufhören. Ich bin verabredet.« Ich quetsche noch ein »Bis bald!« heraus. Die Worte kommen leider nicht mehr besonders souverän, sondern schon feucht raus. Schade. Jetzt bin ich am Ende doch wieder das Häschen, das man aus der Ferne traurig ansieht. Aber ich bin ein erleichtertes Häschen. Nach einer Trennung neigt man ja dazu, aus sicherer Distanz den Verflossenen zu verherrlichen, mit Philipp klappt noch nicht mal das. Dann ist er es eben nicht. Ich will niemanden, der so doof ist, dass ich es noch nicht mal schaffe, mich selbst zu bescheißen. Denn wenigstens das muss doch bitteschön drin sein.

Also gebe ich Philipp auf.

Ich lasse ihn gehen.

Ich bin ein fleißiger Handwerker.

Ich habe viel Zeit, um über mich nachzudenken, um schiefe Bilder zu malen. Metaphern helfen mir, das Chaos in meinem Kopf zu ordnen, die neue Karo zu verstehen. Mein aktuelles Lieblingsbild ist ein Haus. Mein ganzes Leben lang war ich ein eher marodes Gebäude: morsche Holzbalken, schlecht verputzt, Löcher minderwertig ausgebessert, auf den ersten Blick erfolgreich, auf den zweiten auch. Verloren gegangene Dachziegel wurden mit Sperrholzplatten zugenagelt, passt, wackelt und hat Luft. Ich bin eins der ersten beiden Schweinchen, die lieber getanzt und hinterm Stall gesoffen haben, als sich ein sicheres Häuschen zu bauen. Dann kam der böse Wolf und hat gepustet, und jetzt bin ich in mir drin obdachlos. Das hat erst mal Nachteile, zum Beispiel viel Dreck, da, wo das Sofa stand, und es zieht arg, und man kann nicht mehr hinterm Stall saufen. Aber in schönster »Wenn sich eine Tür schließt, wird woanders eine neue geöffnet«-Manier gibt es auch einen entscheidenden Vorteil: Man muss nochmal von vorn anfangen. Das ist gut, denn man kann ein richtiges Fundament gießen, Stahlträger verarbeiten, die Elektrizität diesmal sicher hinter den Wänden verlegen und später vielleicht sogar einen Geschirrspüler kaufen.

Ich baue mich selbst wieder auf. Ich mache aus Zitronen Limonade, aus Scheiße Gold und aus Sardellen Oliven. Nahezu manisch hüpfe ich vor meinem inneren Auge um die Trümmer meines Ich-Hauses herum und kreische hysterisch. *Hahahaha! Mich kriegt ihr nicht! Ich mach mich wieder ganz! Ich werde stärker denn je sein!*

So sieht es in meinem Kopf aus. Es geht mir gut, ich sammle Mut. Ich finde mich ab. Ich wende mich in eine andere Richtung. Von der alten habe ich eh Genickstarre.

Die Kur bei Mama tut mir gut. Aber ich bin nicht angstfrei, im Gegenteil. Wenn Mama zur Arbeit muss und Nelson keine Zeit hat, ich also allein bin, werde ich unruhig. Ich werde ein wenig zittrig und kann meinen Herzschlag überdeutlich spüren. Aber ich schaffe es, richtige Panikanfälle auszubremsen. Ich atme willkürlich in irgendwelche Körperteile und gehe viel spazieren.

Eigentlich bin ich eher lauffaul, aber hier entdecke ich ausgedehnte Spaziergänge für mich. Ich latsche dauernd mit winzigkleinen Schritten durch Mamas grüne Wohngegend. Ich laufe sehr langsam durch diverse Parks, schlurfe kleine Nebenstraßen entlang. Die Menschen, die ich treffe, schauen mich an, als wollten sie mir über die Straße helfen. Ich sehe aus wie eine kleine Omi. Gebückt, verlebt, tapfer. Ich mache oft an Bänken halt und sitze manchmal stundenlang zwischen einem Rosenbeet und einem Penner und starre rum. Der Penner will nichts, er sieht, dass es bei mir grad nichts zu holen gibt. Einmal bietet er mir sogar ein Bier an. »Nein danke«, sage ich, »Alkohol verträgt sich mit meinen Tabletten nicht so gut.« Der Penner seufzt und nickt, er scheint zu wissen, wovon ich spreche.

Ich esse immer noch zu wenig, fühle mich dumpf und nach wie vor ausgeschlossen vom normalen Leben, aber es geht stetig voran.

Ich treffe Nelson fast jeden Tag, wir sitzen in Cafés und spielen Karten und teilen uns Suppen. Wir päppeln mich auf, und wenn Nelson gegen mich im Spiel gewinnt, sage ich: »Ich hasse dich mehr als mein Leben!« Der stärkste Fluch, den ich dieser Tage aussprechen kann.

Ich fahre einmal am Tag in meine eigene Wohnung, damit ich keine Psychose entwickle. Meine Wohnung muss mein Freund bleiben, sonst bin ich am Ende doppelt obdachlos. Ich kann ja nicht für immer bei Mama und unter Aufsicht bleiben. Also probe ich für ein paar Stunden das ganz normale Leben. Parkplatz suchen, Post holen, Wohnung aufschließen, reingehen, drin bleiben ohne Panik. Der vermeintliche Herzinfarkt vor ein paar Wochen hat hier natürlich einen hässlichen Geschmack hinterlassen, ich muss also ganz von vorn anfangen. *Hallo, liebe Wohnung, na, kennste mich noch? Ich bin's, Karo. Ich tu dir nichts, wenn du mir auch nichts tust.* Erst mal die Wohnung in Ruhe an mir schnuppern lassen. Vertrauen aufbauen. Nicht direkt in die Augen sehen, sich am besten auf den Rücken drehen, Arme und Beine in die Luft, Bauch zeigen. *Siehste, Wohnung, ich bin ganz harmlos und schutzlos.* Meine Wohnung kuckt misstrauisch, aber sie tut mir nichts. Sie will wohl erst mal abwarten.

Anette hat mir erklärt, dass meine Wohnung in den letzten Monaten mehr Gefängnis als Basis war. Das passiert schnell bei Arbeitslosigkeit. In den eigenen vier Wänden zu sein, ohne etwas zu tun zu haben, lässt diese beiden Dinge miteinander verschmelzen. Der Pawlow'sche Reflex. Zu Hause sein ist gleich tatenlos und einsam sein. Mir wird bewusst, dass ich mich während der letzten Monate vor meinem Zuhause gedrückt habe. Ich habe nie Besuch empfangen, obwohl meine Wohnung ein beliebtes Ausflugsziel für meine Freunde ist. Sie ist sehr schön und hell und vor allem raucherfreundlich. Überall Aschenbecher, sogar im Bad. Trotzdem traf ich mich ausschließlich in Kneipen oder in muffigen Studenten-WGs, in denen man auf dem Balkon rauchen und leise sein muss, weil irgendein Mitbewohner einen Kater ausschläft oder für die Zwischenprüfung lernt.

Ich nehme mir vor, dies zu ändern. Ich muss. Denn meine Wohnung ist mein einziger Verbündeter. Die einzige Konstante in meinem Leben, eine Instanz, die nicht über meine Anwesenheit meckern kann. Der ich nichts vormachen muss. Liebe Wohnung, ich will alles wiedergutmachen!

Mamas Rücken und ich beschließen, dass ich wieder alleine wohnen will. Mama selbst findet das natürlich nicht und sagt, ich soll mir alle Zeit der Welt nehmen, aber das Gästebett im Wohnzimmer hat gepetzt, dass Mama gern mal wieder in ihrem eigenen Bett schlafen möchte. Und ich eigentlich auch. Also in meinem. Da wir aber alle aus meinem überstürzten Auszug vor wenigen Wochen gelernt haben, wollen wir es langsam angehen lassen. Wir stellen einen hübschen Plan auf, der sicher auch bei Scheidungskindern angewandt wird: Ich schlafe eine Nacht zu Hause und dann wieder zwei bei Mama. Eine Woche lang. Sollte das gut klappen, schlafe ich immer abwechselnd hier und dort. Dann werde ich wohl bereit sein für einen endgültigen Umzug nach Hause. Wir führen mich also sehr behutsam an mein neues altes Leben heran, übermäßige Geduld kann einem Geschwindigkeitsfreak wie mir nicht schaden.

Vor meiner ersten Nacht zu Hause sind Mama und ich so aufgeregt, als würde ich in den Krieg ziehen. Mama erwähnt mehrfach, dass ich es echt nicht überstürzen muss und dass ich doch noch länger bei ihr bleiben kann, aber ich bin ein Soldat, und ein Mann muss tun, was ein Mann

124

zu tun hat. Wir umarmen uns theatralisch, weinen beide ein bisschen und lachen auch ein bisschen, weil wir uns albern vorkommen. Dann zieht das Kind in den Irak.

In meiner Wohnung angekommen, benehme ich mich so unauffällig und normal wie möglich. Ich werfe Kram in diverse Ecken, rauche in allen Zimmern und versuche, mir meine Unsicherheit nicht anmerken zu lassen. Meine Wohnung soll sich nicht verkrampfen, denn dann wird das ja nichts mit dem entspannten Miteinander.

»Hi!«, sage ich laut ins Leere. Und: »Na?«

Ich stehe ein bisschen dumm rum, nachdem es nichts mehr in die Ecken zu werfen gibt. »Komm, wir machen uns keinen Stress, es ist ja nur ein Versuch. Wenn es heute nicht klappt mit uns beiden, geht die Welt nicht unter. Einfach mal schauen, alles kann, nichts muss, wa?«, quatsche ich meine Wohnung zu.

Trotzdem treffe ich heimlich wieder einige Vorsichtsmaßnahmen. Ich mache überall gemütlich gedämpftes Licht, arbeite viel mit Tüchern und Kerzen und lasse ein Lavendel-Entspannungsbad ein. Letzteres war Mamas Idee. Sie hat mir sogar Fußcreme mitgegeben. Wie in einem schlechten Film pfeife ich ständig vor mich hin, um von meinem Manöver abzulenken. Die Wohnung und ich sollen denken, dass alles ganz normal ist. Dass hier keiner Angst hat. Man wird ja wohl ein Bad nehmen dürfen!

Mein Abend läuft gut. Ich bade, sehe leicht verdauliche Serien auf DVD und lese den Klappentext von meinem nächsten doofen Frauenbuch »Männer und andere Katastrophen«. Der Buchrücken verspricht: »Judith ist ziemlich unzufrieden. Ihr Freund kümmert sich nur noch um Sport und andere Frauen, den Bürojob hat sie satt, und die Männer, mit denen sie sich trösten möchte, sind die reinsten Katastrophen. Ihren Freundinnen ergeht es nicht besser: Katja wird von ihrem Freund betrogen, und Billie verliebt sich in einen notorischen Angeber. Wie sie von einem Desaster ins andere schliddern, wird bis zum überraschenden Ende witzig, spritzig und spannend erzählt.«

Und plötzlich bin ich genervt! Genervt von Judith und Katja und Billie und der Aussicht auf ein witziges, spritziges Desaster mit überraschendem Ende. Ich will keinen »Freche Mädchen«-Schund mehr lesen. Toll! »Merkst du was? Das normale Leben klopft wieder an unsere Tür!«, sage ich zu meiner Wohnung. Ich bin ein bisschen aufgeregt und pfeffere »Männer und andere Katastrophen« in eine noch kramfreie Ecke. Jetzt nur nicht übermütig werden, warnen Anette, Mama und meine Wohnung gleichzeitig in meinem Kopf, und recht haben sie. Ich gehe ins Bett und höre brav ein Hörspiel zum Einschlafen, statt mir wie üblich eine nächtliche Dokumentationsserie über Autopsien anzusehen.

Eine Weile lang beobachte ich mich noch beim Einschlafen: *Na? Klappt das denn auch ordnungsgemäß? Schon müde? Spüren wir Unruhe? Aufkeimende Angst? Was sagt unser Herzschlag? Alles im grünen Bereich?*

Und dann bin ich vorerst einfach weg.

Ich wache sehr plötzlich auf.

Ich werde nicht auf eine putzig verschlafene Art augenblinzelnd wach, sondern bin mit einem Schlag da.

Ich versuche, mich zu orientieren. Wie spät ist es? Wie geht es mir? Ist es Morgen genug, um aufzuwachen, oder noch zu sehr Nacht, um wach zu sein?

Werde ich aus Angst wach, oder weil ich einfach genug geschlafen habe?

Ich sehe auf meinen Wecker und freue mich sehr. Es ist neun Uhr morgens, eine rechtschaffene Zeit, um auf eine natürliche Art wach zu werden. Nicht die Panik, sondern meine Blase hat mich geweckt. Ich habe meine erste Nacht zu Hause geschafft. Ich werde ganz rührselig vor Erleichterung und verschicke an meine ganze Familie Kurznachrichten: »HABE DIE NACHT ÜBERSTANDEN! KEINE ANGST GEHABT! ALLES GUT!« Ich fühle mich, als hätte ich mein erstes Kind bekommen oder meinen Doktor gemacht. Meine Familie weiß um den Ernst der Sache und überhäuft mich mit Glückwünschen. Mama ist stolz auf mich, Oma und Papa jubeln auch. Nelson will sogar feiern. Schön.

Kurz ziehe ich in Erwägung, Nägel mit Köpfen zu machen und direkt für immer zu Hause zu bleiben, aber mein persönlicher Karmapolizist hebt seinen Verkehrsregelstab und sagt: »Nanana, Frau Herrmann! Überstürzen Sie nichts!«

Entschuldigung, Officer! Natürlich haben Sie recht.

Ich mache mir den ersten Kur-Getreidekaffee in meinem alten neuen Zuhause und spiele alle Rituale durch, die ich sonst bei Mama habe: Tablette essen, Toast ignorieren, auf dem Balkon liegen und am Kaffee nippen. Ich freue mich so sehr, dass ich mich gar nicht auf mein Entspannungsritual konzentrieren kann. Ich stürze den Kaffee runter und verabrede mich mit Nelson. Er will mich zur Therapie fahren, danach wollen wir Kindersekt mit Zuckerrand trinken. Bei *mir*.

Auch Anette ist stolz und lobt unseren Übernachtungsplan. Sie findet, dass ich alles richtig gemacht habe und dass ich weiter langsam daran arbeiten soll, meine Wohnung zu meinem Freund zu machen. Ich soll mich weiterhin mehr spüren. Da ich nach wie vor nicht verstehe, was damit gemeint ist, konzentriere ich mich auf den Teil mit meiner Wohnung.

Nelson und ich fahren zu IKEA und kaufen unnützen, gefälligen Kram wie Vanillekerzen, Bilderrahmen und kuscheliges Zeug zum Drauf- und Drüber- und Drunterlegen und drapieren alles schön in meiner Wohnung. Ich mache Zuckerrand an Biergläser und schenke Nelson und mir großzügig »Robby Bubble Kindersekt Erdbeere« ein. Es schmeckt doof und nach Kaugummi, aber auch nach Freiheit.

Ich fühle mich zum ersten Mal seit Wochen so, als wenn tatsächlich alles wieder gut werden könnte.

Mein zweiter offizieller Check-out aus dem Hotel Mama ist besser als der erste vor sieben Jahren: Ich habe keine Pickel mehr, und Mama seufzt nicht erleichtert.

Mama findet meinen Auszug ein wenig schade, ich glaube, sie hatte sich an uns gewöhnt. »Aber wenigstens kann ich wieder Herrenbesuch empfangen«, kichert sie. Das ist lustig, weil Mama nie Herrenbesuch hat. »Gut«, sage ich, »dann pass auf dich auf, benutze Kondome, und wenn am nächsten Tag Schule ist, bist du um 23 Uhr zu Hause, junges Frollein!«, witzele ich zurück. Sie wird mir auch fehlen, meine Mama. Es ist ein bisschen so wie nach dem Ferienlager: Man verspricht sich, in regelmäßigem Kontakt zu bleiben und mindestens einmal am Tag zu telefonieren. Fast glauben wir es, aber wir kennen uns zu gut. In spätestens einer Woche lebt jeder wieder sein Leben. Und das ist in Ordnung so, denn Mama soll sich wirklich mal um Herrenbesuch kümmern, und ich muss an der Beziehung zu meiner Wohnung arbeiten.

»Tschüssi, Mama«, fange ich an, zu schniefen, und zaubere von irgendwoher einen riesigen Blumenstrauß hervor. »Und danke, dass ich hier wohnen durfte!«

»Ach jetzt reiß dich mal zusammen, blöde Kuh!«, schnieft Mama. »Du kannst jederzeit wiederkommen, wenn du möchtest!«

Dann werde ich geküsst und aus der Tür geschoben.

Ich habe eine Theorie über Liebeskummer. Ich teile ihn in drei Phasen ein, und dieses Modell gilt eigentlich für jeden mittelstarken Kummer.

Die erste Phase zeichnet sich aus durch allgegenwärtigen heißen, brennenden Schmerz. Einer offenen Wunde gleich. Jede Sekunde fühlt sich an, als ob einem jemand auf eine frische Schürfwunde pinkelt. Diese Phase währt gar nicht so lange, wie man immer denkt. Sie dauert etwa einen Monat.

In der zweiten Phase wird der Schmerz dumpf und pocht so komisch. Gut zu vergleichen mit mittelstarken Zahn- oder Kopfschmerzen. Außerdem bewegt sich der Kummer in Wellen: Manchmal kann man gut rausschwimmen, dann wiederum sollte man lieber am Strand bleiben oder wenigstens Schwimmflügelchen tragen. Obwohl die Intensität wechselt, ist das Gefühl immer noch ständig präsent, nur besser auszuhalten. Auch bei Ebbe puckert es in einem drinnen. Die zweite Phase zieht sich unterschiedlich lange hin. Etwa zwei bis vier Monate.

Der Übergang in die letzte Phase kommt oft überraschend. Mich erwischt es im Kino mit Nelson und seiner Frau. Mitten im Film passiert irgendwas mit mir. Etwas ist anders, ungewohnt. Sofort mache ich mit meinem tragbaren Minilabor einige schnelle Untersuchungen und teste auf Unruhe, Angst, Trauer oder Schmerz, aber alle Testergebnisse sind negativ. Ich bin verwirrt und besorgt, weil ich das neue Gefühl nicht einordnen kann. Ich ziehe kurz in Erwägung, dass mein Emo-Laborkoffer zum TÜV muss, aber dann verstehe ich es plötzlich: Ich bin zufrieden. In mir ist nichts, was stinkt oder hässlich ist. Ich bin einfach hier und in Ordnung.

In diesem Moment beginnt Phase drei. Man ist so gebeutelt von den ersten zwei Phasen, dass man den nachlassenden Schmerz zuerst nicht einordnen kann, aber dann treibt es einem die Tränen der Erleichterung in die Pupillen.

Also sitze ich neben meinen Freunden im Kino, und ganz leise kullern zwei rosafarbene Tränen über mein heimlich stolz grinsendes Gesicht.

Mein Leben normalisiert sich. Ich bin viel zu Hause und fühle mich dort wohl, ich lade Freunde auf eine Tütensuppe zu mir ein und treffe Menschen, die mich in den letzten Wochen nicht zu sehen bekamen. Alle sind berührt von meinem Schicksal, die meisten sind vor allem überrascht. Sie finden mich so *offen* und *ehrlich* und *verwundbar*. Man kenne mich gar nicht so. Ich finde es widerlich. Meine Freunde geben mir das Gefühl, unnahbar gewesen zu sein. Dabei war ich nie besonders gefühlskalt. Wenn ich weinen musste, dann tat ich es, und wenn ich wütend war, dann merkte man das auch. Ich habe mit meinen Gefühlen nie hinterm Berg gehalten. Ich fühle mich plötzlich wie ein Gast in einer Vorher-Nachher-Show, in der alle meine Bekannten mit großen Augen um mich herumstehen und *oh* und *ah* raunen. Ich war also ein hässliches Entchen, und nun bin ich ein stolzer Schwan? Ich bin enttäuscht. Mein Instinkt rät mir, sofort der Welt die gesamte Schuld auf ihre buckligen Schultern zu schnallen. Aber selbst für einen Bestrafungsfetischisten wie mich ist der Haken deutlich spürbar: All diese Menschen können nicht irren.

Ich gehe weiterhin zur Therapie und spreche Anette

auf meine Freunde an: »Es ist fürchterlich, dass es alle so angenehm finden, mich verletzlich zu sehen!«, meckere ich.

Anette ist wie immer die Ruhe selbst. »Karo, die Leute wollen dir damit doch nicht wehtun. Sie freuen sich nicht über deinen Zustand. Sie haben es nicht gemerkt, wenn es dir schlecht ging, und jetzt sind sie nur überrascht.«

»Ihre Überraschung finde ich genauso ekelerregend. Das bedeutet, dass mich keiner von denen wirklich kennt. Dass alle immer nur die starke, lustige Karo gesehen haben und nie in Erwägung gezogen haben, dass ich auch traurig sein kann.«

»Vielleicht ist das eben das Bild, das du deinem Umfeld von dir vermittelst.«

»Ach, das ist doch Quatsch, Anette. Ich verstecke meine Gefühle nicht. Im Gegenteil, ich lege sofort direkt los!«

»Das stimmt, aber du bist sehr schnell darin. Du brichst wie ein kleiner Vulkan explosionsartig aus, und ehe man sich versieht, machst du einen Witz und wechselst das Thema, und alles ist vorbei.«

Ich fühle mich ertappt. Anette hat recht. Ich zeige durchaus Emotionen, glaube aber sofort, schon zu viel der Zeit meines Gegenübers beansprucht zu haben, und nehme die nächste Ausfahrt Gag. Sehr leicht zu durchschauen. »Meine Freunde müssen den Trick doch kapieren und nochmal nachfragen!«

Anette lächelt. »Karo, die anderen müssen gar nichts. In deiner Wunschwelt würden sie dich durchschauen und schütteln und retten. Aber in ihrer Welt sind sie vielleicht einfach unsicher oder glauben, dass du nicht über dich sprechen willst.«

Ach, Scheiße, denke ich.

»Ach, Scheiße!«, sage ich.

»Karo, Menschen sind unterschiedlich! Und du wirst sie nicht ändern können!«

»Aber ich werde doch wohl noch ein bisschen mehr Empathie verlangen können?«, frage ich, die Antwort schon wissend. Anette weiß auch, dass ich die Antwort schon weiß, und sagt deshalb nichts.

Ich gehe nach wie vor jede Woche einmal zu Anette. Ohne dass ich es mitbekommen habe, ist meine beantragte Kurzzeittherapie vorbei. Fünfundzwanzig Stunden Kopfreparatur sind abgelaufen, und Anette und ich müssen darüber sprechen, ob ich jetzt durch den Seelen-TÜV komme oder nicht. Anette ist schlau und fragt deshalb zuerst, wie ich das so sehe. Ich weiß es nicht. Irgendwie weiß ich immer weniger. In jeder Sitzung sprechen wir viel, finden rote Fäden in mir und sortieren mich. Weisen Gefühlen Geschehnisse zu. Nach den Sitzungen ist mir immer ganz schwindlig, so viel habe ich über mich erfahren. Anette meint, dass viele Gefühle, die ich habe, alte Gefühle sind. Gefühle von früher, die einer fünf- oder zehn- oder zwölfjährigen Karo. Dass meine Ängste und Unsicherheiten antrainiert sind. Dass man diese alten Reaktionen nicht wegbekommen kann. Aber dass man lernen kann, sie als solche zu identifizieren. Sich klarzumachen, dass das aktuelle Gefühl nicht notgedrungen etwas mit dem aktuellen Geschehnis zu tun hat. Aber ich bin mir nicht sicher, ob mir das auch nur ansatzweise gelingt. Sobald ich Anettes Praxis verlasse, vergesse ich sofort alles, was wir besprochen haben. Alle roten Fäden, aus denen ich mir doch eigentlich einen schicken Kopf-Pullover stricken wollte, sind plötzlich weg oder wieder verknotet. Das finde ich unerträglich, schließlich brauche ich diese Zusammenhänge, um mich zu bessern. Um die Hausaufgaben zu machen. Aber irgendwie scheine ich die Aufgabenstellung jedes Mal aufs Neue zu verbummeln.

Natürlich haben Anette und ich viel geschafft. Wir haben die ganz große Scheiße zusammen gemeistert. Den Ausbruch des Vulkans Karo. Aber nachdem wir mich in den letzten Monaten in den Griff bekommen haben, stehe ich erneut vor dem Anfangsproblem: Ich leide unter mir, ich bin immer noch anstrengend. Der einzige Unterschied ist, dass ich inzwischen in der Theorie ganz gut bin: Ich weiß ziemlich detailliert, weshalb ich so bin. Ich kenne Frankenstein inzwischen ganz gut, aber ich bin immer noch sein Monster.

Anette sieht das ähnlich. Sie findet, dass wir meinen Zusammenbruch ganz gut aufgefangen haben. Sie findet außerdem, dass ich auf einem sehr guten Weg bin. Aber sie glaubt auch, dass da noch viel im Argen liegt, und sie empfiehlt, die Therapie zu verlängern. Wenn ich dazu Lust habe.

Ich habe Lust. Schlimmer: Ich bin stolz, so zerrüttet zu sein, dass eine weitere Kurzzeittherapie nötig ist. Ich bin keiner von diesen Trend-Psychos. Ich bin *the real shit*.

Das denke ich, und sofort erschrecke ich vor diesem widerlichen Gedanken.

Ich bin merkwürdig, was Verletzungen angeht: Sie machen mich stolz. Vermutlich geht es mir dabei einfach um Aufmerksamkeit. Jede Schürfwunde meiner Kindheit habe ich immer an die große Glocke gehängt. Ich fand es aufregend, für kurze Zeit der Mittelpunkt zu sein. Und eine krustige Wunde ist ein ziemlicher Aufmerksamkeitsmagnet. Ich habe außerdem immer recht schnell von meinen Erfahrungen mit dem fürchterlichen Onkel erzählt. Wie ein lässiger und gelangweilter Cowboy warf ich meinen Freunden diese Geschichte von meinem Pferd hinunter vor die Füße. Ich war damit ja schon fertig, und Leid schafft eine Fangemeinde.

Als ich Anette davon erzähle, wird sie sehr ruhig und sieht mich durchdringend an. Ich verstehe das nicht. Für mich braucht sie diesen Blick nicht aufzusetzen. Ich kenne mich schon. Mir kann das alles nichts anhaben. Mir war langweilig, und ich hatte Lust auf einen Karo-Fanclub. Also was?

Und dann verstehe ich mal wieder viel zu spät Anettes Blick: Das ist traurig! Es ist traurig, wenn jemand für Zuneigung zu solchen Mittel greifen muss. Normale, glückliche Kinder sollten das nicht tun müssen. Normale Eltern sollten das bemerken. Wieso habe ich das all die Jahre nicht gemerkt? Weshalb gehe ich dauernd wie ein Versicherungsvertreter stolz mit meinen Wunden hausieren, statt mir gebührend leid zu tun?

Ach, Anette, sag es nicht! Ich weiß schon: Ich kann mich selbst nicht spüren.

Neben meinem normalen Leben habe ich auch die Arbeit wieder aufgenommen. Natürlich nicht die echte, tolle Arbeit, sondern die Kellnerei in der Kneipe. Arbeit mit Menschen. Das, was alle total gerne mögen: mit Menschen zu tun haben. Ich mag Menschen nicht besonders, aber ich habe keine Wahl, wenn ich nicht arbeite, werde ich verrückt. Verrückter.

Also kellnere ich dreimal die Woche im »Heidewitzka«.

Mit Ironie ist das so eine Sache. Ich glaube fest, dass Ironie ein stinkendes Abfallprodukt des guten alten Humors ist. Ironie ist sehr einfach, aber nicht besonders schön. *Na, du riechst aber gut,* wenn jemand verschwitzt ist. *Haha,* wenn etwas nicht lustig ist. *Du bist aber gut drauf heute,* wenn man beschissen geschlafen hat und zu Recht eine Fresse zieht. *Nee, ich lauf immer so rum,* wenn man jemanden fragt, ob er sich extra rausgeputzt hat. Ironie wird immer beliebter, und sie ist schuld daran, dass mein Dasein als Kellnerin ungleich hässlicher ist, als es ohne Ironie hätte sein können.

In das »Heidewitzka« gingen bis vor wenigen Jahren nur fertige, unglückliche, alte Männer. Es war eine typische Eckkneipe, die immer verraucht war, wo immer Fußball lief, und in der man auf die Fresse bekam, wenn man grün wählte. Die traurigen Männer tranken, ergeben in ihr Schicksal, leise ihre Biere oder spielten Karten am Stammtisch. Und sie waren reizend zu uns jungen Dingern. Ihre Komplimente waren echt und saßen so locker wie ihre Zähne. Hin und wieder gab es einen Klaps auf den Po, aber man wusste genau, wo man sich Appetit holt, und wo gegessen wird.

Im »Heidewitzka« auf jeden Fall nicht, da gab es nämlich nur Salzstangen und aufgeplatzte Bockwurst. Für einen echten traurigen Mann ist das natürlich nur ein Snack, keine richtige Mahlzeit. Man war auch nicht hier, um zu essen, sondern um zu jammern. Ich liebte die Stammgäste.

Dann kam die alte Schlampe Ironie und machte alles kaputt. Plötzlich erkoren junge Männer das »Heidewitzka« zu einem Ort, der *so uncool ist, dass er schon wieder cool ist*, und sie kamen in Scharen. Sie brachten Frauen mit Tätowierungen mit, und vor allem Bedürfnisse. Mit der Zeit gab es Kickertische, Cappuccinos, isotonische Trendgetränke und sogar eine Speisekarte. Die alten traurigen Männer mit Problemen verloren gegen die jungen glücklichen Männer mit Geld. Umsatz schlägt Seele im großen Marktwirtschafts-Schnick-Schnack-Schnuck.

Sie sind immer noch da, die Alten. Aber sie sind weniger, sitzen in Ecken und fühlen sich älter und überflüssiger denn je. Dabei sind sie der einzige Grund, warum ich noch hier arbeite. Um ihre H-Milch-Augen für einen kurzen Moment zum Glänzen zu bringen, wenn ich ihnen ihr Pils serviere und dann den Hintern ein klitzekleines bisschen rausstrecke, damit sie draufklapsen können.

Ich kann inzwischen gut ohne Philipp. Wir haben weiterhin seltenen und gleichgültigen Kontakt, »wiegehtsdirmirgehtsgutdankeundselbst«-Kontakt.

Er fehlt mir nicht, *es* hingegen sehr. Nicht der Sex, sondern jemanden zu haben, zu streicheln und zu nerven. Ich finde nichts schöner als jemanden, der sich einfach nicht von mir nerven lässt, selbst wenn ich mich sehr anstrenge. Das ist meine Definition von Romantik. Und ich kann wirklich fürchterlich nerven. Wenn ich beispielsweise abends nicht einschlafen kann, fange ich an, zu singen. Um mich, aber auch die schlafende Person neben mir zu unterhalten. Ich singe dann die größten Hits der Neunziger. Der Mann meiner Träume würde mitsingen und ein Luftinstrument seiner Wahl dazu spielen. So jemand fehlt mir.

Denke ich und sitze zu Hause. Was der springende Punkt ist, denn selbst die lässigsten Duettpartner klingeln nicht wahllos an fremden Türen. Also muss ich raus. *Unter Menschen*. Wie ich das hasse.

Ich bin kein guter Ausgeher. Ich tanze nicht, ich trinke nur. Man sieht mich also in Diskotheken immer nur mit einem Quatschgetränk am Tanzflächenrand stehen. Dort sehe ich den Tänzern zu und analysiere sie. Das ist natürlich total armselig. Vor ein paar Jahrzehnten war man mit dieser Einstellung noch eine ziemliche Bombe. Unnahbar, cool. Heute ist man einfach uninteressant. Die Genies im Hintergrund zählen nicht mehr. Und die diversen Tanzlokalitäten unterstützen den Aufmerksamkeitsfetisch des Volkes voll und ganz und grenzen die Genies im Hintergrund mit Hilfe von Licht einfach aus. Es werden nur noch die zuckenden Leiber auf der Tanzfläche beleuchtet. Ein bisschen wie bei einer Porno-Live-Show: Die Starrer dürfen zwar sehen, aber nicht gesehen werden.

Also gehe ich schon lange nicht mehr in Clubs. Allerdings ist jetzt alles anders und alles neu, die Klinken müssen geputzt werden, bevor ich damit Türen öffnen kann. Ich muss Promo für mich machen, also rufe ich alte Agenturfreunde an, damit sie mich für irgendwelche von ihnen organisierten Partys auf die Gästeliste setzen. Und weil man sich in dieser meiner Branche auf die gleiche Weise liebt, wie heiße junge Bräute alte reiche Männer lieben, heißt es: »Ach, Karo, schön von dir zu hören, wie geht's dir denn? Du, leider kann ich dich nicht auf den Medientreff bringen, diesmal wird da die Hölle los sein, Thomas Gottschalk hat sich nämlich angekündigt. Kannst dir ja vorstellen, dass plötzlich alle kommen wollen!« Nee, kann ich ehrlich gesagt nicht, aber auf der anderen Seite möchte ich auch meinen Enkeln nicht erzählen müssen, dass ich ihren Opi auf einer Party mit Thomas Gottschalk kennengelernt habe. Also sage ich tapfer: »Trotzdem danke, und grüß die anderen von mir. Falls ihr mal jemanden braucht, ihr habt ja meine Nummer!« Ich lege auf und gebe mir selbst eine Backpfeife. Die habe ich mir redlich verdient, denn so einen blöden Medienrotz wollte ich *nie* in meinem Leben sagen.

Bevor ich mich auch noch über das eigene Knie legen kann, um mir den Hintern zu versohlen, ruft Nelson an: »Ey, Püppi! Heulst du immer noch den ganzen Tag, oder kann man mit dir schon wieder richtig unter Menschen gehen?« Der gute alte Nelson! »Im Gegenteil, Tarzan! Ich bin vollkommen gesellschaftsfähig und sehe top aus! Ich bin einer schönen Magersucht so nah wie nie, und wenn ich was mit Rollkragen anziehe, wird man die Schrauben in meinem Hals kaum sehen!«

»Na, dann wasch dir das Gesicht und begleite mich auf eine schlimme Party vom Sender! Da werden sehr viele doofe Typen sein, aber wenn du Glück hast, kannst du bei der Tombola das Produkt des Monats gewinnen!«

»Den Fliesenreiniger?«

»Besser!«

»Diese Obstschneidemaschine, die so lustige Rillen in die Möhren macht?«

»Karo! Besser!«

»Jetzt sag es schon!« Ich bin wirklich aufgeregt. Ich werde auf eine Party gehen *und* tollen unnötigen Quatsch gewinnen!

»Karo, dir ist schon klar, dass ich nicht beeinflussen kann, wer die Tombola gewinnt?«, durchkreuzt Nelson meine Gedanken.

Ich mache mich niedlich. Das erste Mal seit Monaten gebe ich mir richtig Mühe mit meinem angenehm mittelmäßigen Aussehen. Ich wasche, rubbele, rasiere und creme meinen Körper. Ich drehe Locken und male schöne Augen.

Ich pinsele Lippen und Bäckchen, sodass ich ganz gesund und frisch aussehe. Ich mache Experimente mit Parfum und ziehe unbequeme hübsche Unterhosen an. Ich mache auch vor hohem Schuhwerk nicht halt. Mein Körper soll sich besonders fühlen. Er soll einen ganzen Abend lang so tun dürfen, als würde er nicht von einer kaputten Schaltzentrale gesteuert.

Nelson holt mich mit dem Taxi ab und sagt: »Heul mal bitte, sonst erkenn ich nicht, ob du es wirklich bist!«

»Danke!«, sage ich, ernsthaft erfreut über das Kompliment, und wir steigen ins Taxi. Zum Warmwerden spielen wir eine leichte Version des Trennungsspiels, das damit endet, dass ich am Ziel, dem Shoppingsender, aufgebracht aussteige und Nelson gut hörbar zuzische, dass ich ihm die Affäre mit meiner Mutter nie verzeihen werde. Nelson steigt aus, nachdem er gezahlt und der Taxifahrer ein bisschen unangenehm berührt gelacht hat, und findet, dass ich fast wieder die Alte bin. »Das wollen wir doch nicht hoffen«, sage ich und bin trotzdem ein bisschen stolz.

Ich funktioniere noch. Gut.

Diese lustigen Typen vom Fernsehen, immer für eine Überraschung zu haben! Die Party findet nicht etwa auf der Dachterrasse des Senderhauses oder in der Cafeteria statt, sondern im Studio! Ein riesiger tiefschwarzer Raum, der in sechs verschiedene Fernseh-Sets aufgeteilt ist. Eine Küche, ein Hobbykeller, ein Wohnzimmer, ein Schlafzimmer, ein Badezimmer und ein Weihnachtszimmer. Quasi eine Wohnung ohne tragende Wände. Ein Loft! Jedes der Sets hat eine Rückwand mit Fenster und Ausblick: auf die Berge Kanadas, auf New York City und die Mecklenburgische Seenplatte.

»Und was soll die Wohnung kosten?«, frage ich Nelson.

»Warm oder kalt?«

»Warm. Und besteht die Chance, die Möbel zu übernehmen?«

»Na, da werde ich nochmal mit der Vormieterin sprechen müssen, aber ich kann mir nicht vorstellen, dass das ein Problem ist. Wann wollen Sie einziehen?«

»Also wenn es nach mir und meinem Mann geht, sofort! Die Wohnung ist ein Traum!«, seufze ich dramatisch und lasse mich in den riesigen Ohrensessel im Wohnzimmer-Set fallen.

»Im Ernst, Nelson, was soll das Weihnachtszimmer-Set? Es ist Herbst!«

»Ach, wir zeichnen da die ganzen Weihnachtsprodukte-Shows auf. Die Hersteller haben den Kram schon vor Monaten geschickt, und uns kommt es entgegen, dann haben wir um Weihnachten rum nicht so viel zu tun.«

Plötzlich wird Nelson ganz seriös, das passiert ihm schnell, wenn er beruflich unterwegs ist. Ich glaube, dass das auch seinen Erfolg ausmacht. Im Shoppingfernsehen wollen die Menschen keinen flapsigen Jungmoderator. Sie wollen am liebsten Günther Jauch. Da das nicht geht, soll der Moderator ihren Wunschschwiegersöhnen so ähnlich wie möglich sein. Zumindest ist das meine Theorie. Und Nelson kann irrsinnig schwiegersohnesk sein.

»Komm, zeig mir dein Zimmer-Set!«, dränge ich Nelson. Vermutlich gehe ich ihm ein bisschen auf den Geist, aber ich finde es aufregend, in einem Fernsehstudio zu sein, ich möchte am liebsten in jedem Set eine kleine Testmoderation machen. Nelson muss aber erst mal alle Chefs und Moderationskollegen begrüßen. Dafür habe ich Verständnis. Wir verschieben die ausgiebige Wohnungsbegehung auf später, und ich sehe mich ein bisschen um. Die Sets sind wie Stände auf dem Weihnachtsmarkt im Kreis an den Studiowänden entlang angeordnet. Die Mitte des großen Raumes ist frei von Arbeitsgeräten. Ich nehme an, dass sich hier normalerweise Kameras und Schminkefrauen und Aufnahmeleiter aufhalten und in die verschiedenen Zimmer reinbrüllen und -filmen. Jetzt befinden sich aber in der Mitte ein Buffet und Partygäste. Kaum einer turnt in den Sets herum. Daraus schließt Sherlock Herrmann, dass es sich um eine reine Mitarbeiterparty handelt. Jeder von denen hat schon mal im Weihnachtszimmer gesessen und elektrisch beleuchtete Baumkugeln angefasst. Kurz befürchte ich, dass es vielleicht unpassend oder gar verboten sein könnte, im Badezimmer-Set auf der Toilette zu sitzen und sich mit dem flauschigen Sechs-Lagen-Klopapier den klebrigen Lipgloss abzutupfen, aber ich verwerfe den Gedanken schnell, als sich jemand in den Zehn-Düsen-Whirlpool neben mir legt.

»Ich weiß wirklich nicht, ob unsere Beziehung schon so weit ist, dass wir voreinander pinkeln sollten«, sagt er.

»Solange du nach deinem großen Geschäft keinen ordnungsgemäßen Gebrauch von der Klobürste machst, pinkle ich weiterhin bei offener Tür!«, gage ich reflexartig zurück und erschrecke. Schnelligkeit ist nicht immer ein klarer Vorteil, vielleicht habe ich soeben den Senderchef der Bremsspuren bezichtigt. Mein Gegenüber grinst und knöpft sein Hemd auf. Männer, die ihr Hemd aufknöpfen, finde ich schrecklich. Es ist eine allzu männliche Geste, die demonstrieren möchte, dass man zwar so wichtig ist, ein Hemd zu tragen, dennoch leger genug, um fünfe grade und den lieben Gott einen guten Mann sein zu lassen. Hemden sind dazu da, in Würde und bis oben hin zugeknöpft getragen zu werden. Wer das nicht drauf hat, soll doch bitte T-Shirts oder Netzhemden tragen.

Ich stehe auf, um instinktiv zu spülen und zu gehen, da bemerke ich, dass mein Badezimmer-Set-Partner sein Hemd vollständig aufgeknöpft hat und dabei ist, es auszuziehen. Ich bin fasziniert und setze mich wieder. Völlig unbekümmert zieht er auch seine Hose aus und liegt in Boxershorts und Schuhen in der Wanne.

»Da sind wir beide nun seit vier Jahren verheiratet und haben es bis heute nicht einmal in der Wanne gemacht«, sagt er eingeschnappt. Toll, jemand zum Spielen!, denke ich.

»Schatz, bitte sei nicht enttäuscht, aber ich bekomme wieder meine Migräne. Ich werde mich ein wenig hinlegen«, sage ich und gehe mit wackelndem Hintern ins Schlafzimmer-Set und lege mich auf das riesige Bett.

Nur in Unterwäsche folgt mir mein neuer Sandkastenfreund. »Migräne, Migräne! Wie oft musste ich mir das schon anhören, du frigide Kuh!« Er lässt sich neben mich aufs Setbett fallen.

Da liegen wir nun. Er in Unterwäsche, ich in meinem unzuverlässigen Körper. Als wäre die Party nur eine Fernsehserie auf einem großen Flachbildschirm, reden wir über das schlechte Programm. Ich weiß nichts von meinem neuen Ehemann, außer dass er David heißt. Wir reden nicht darüber, was er macht und was ich mache und zu wem wir gehören und warum wir überhaupt hier sind. Wir sind seit vier Jahren verheiratet, da führt man solche Gespräche nicht mehr. Als uns das Party-Fernsehprogramm zu langweilig wird, wechseln wir von Set zu Set. In jedem Zimmer spielen wir Moderatoren, immer abwechselnd sind wir Jack und Bob. Außer im Wohnzimmer, da sind wir Diane und Bob, denn Jack könnte nie im Leben so überzeugend die wunderschönen Porzellanpuppen verkaufen wie Diane. David und ich sind sehr konzentriert bei der Sache. Wir nehmen unsere Rollen ernst und geben uns große Mühe, die Mikrofaser-Bettwäsche und den Bio-Rohrreiniger an den Mann zu bringen. Während David mit meiner Unterstützung dem unsichtbaren

Fernsehpublikum zeigt, wie leicht man Roastbeef mit dem neuen Edelstahlmesserset schneiden kann (»Das Messer geht durch das faserige Fleisch wie Butter, meine Damen und Herren!«), läuft Nelson am Küchen-Set vorbei. Er macht unser *Soll ich dich retten?*-Geheimzeichen, aber ich grinse und schüttele den Kopf. *Danke, Hase, mir geht's gut hier. Und nun misch dich wieder unters Volk, ich bin schließlich mitten in einer Live-Sendung.* Er freut sich und geht zum nächsten langweiligen Mitarbeiterpartyteilnehmer. Er ist manchmal gern langweilig, und auf solchen Partys müssen sicher auch Kontakte geknüpft werden oder so. An seinen roten Bäckchen sehe ich, dass er schon ein paar Getränke hatte, also ist alles gut.

Schließlich landen David und ich erschöpft von unserem Live-Show-Marathon im Weihnachtszimmer-Set. »Ich hol mir was zu trinken, soll ich dir was mitbringen?«, fragt er.

»Nein danke, Alkohol verträgt sich nicht besonders gut mit meinen Antidepressiva«, erwidere ich. »Außerdem muss ich für die Tombola nüchtern bleiben«, schiebe ich hinterher, falls er schlau genug war, die als Witz getarnte Wahrheit zu entlarven.

»Ich trink auch nur ein Wasser«, sagt David fröhlich, »meine Tabletten vertragen nämlich auch nichts.«

So ist das mit Witzen, die nie aufgeklärt werden. Man weiß nie so recht, woran man ist. Ich liebe das!

Irgendwann wird es Zeit zu gehen. Nelson ist inzwischen zu lustig getrunken, um noch Arbeitsgespräche zu führen, und ich hatte zu viel Spaß mit David, um noch eine Steigerung erwarten zu können. Also tauschen wir Nummern und verabreden eine Verabredung. Ein Date. Zum Kino. »Du wirst dich vermutlich in mich verlieben und fürchterlich unglücklich werden«, sagt David noch fröhlich. Und ich sage: »Ja, vermutlich.«

Kaum bin ich zu Hause angekommen, erhalte ich eine SMS von David: »O.K., O.K. ICH GEBE AUF UND MELDE MICH ALS ERSTER!« Ich freue mich und antworte: »PUH. UND ICH DACHTE SCHON, DU WÜRDEST DICH NIE MEHR MELDEN!« Dann schalte ich mein Telefon ab und ziehe mich aus. Weil ich mir dabei sehr aufregend vorkomme, behalte ich nur die hohen Schuhe an und rauche noch eine Gute-Nacht-Zigarette. Ich freue mich über mich und den Abend. Mein erster Ausgehabend *danach* war ein Erfolg. Ich hatte Spaß, und ich habe David kennengelernt.

Trotzdem kenne ich mich zu gut, um ein aufkommendes Kribbeln nicht falsch zu interpretieren: Die Möglichkeit, mich zu verknallen, macht mich ganz verknallt.

Ich sehe Licht durch den Türspalt, der mich vom normalen Leben trennt.

Ich erfühle die nächste Stufe auf der Treppe Hoffnung.

Hoffentlich stolpere ich nicht auf dem *stairway to heaven*.

Ich gehe schlafen, denn meine Metaphern werden schwül.

David und ich wollen uns sehen. Noch vor der verabredeten Verabredung. Also treffen wir uns zum Essen. Es ist schwierig, außerhalb des Fernsehstudios miteinander zu sein. Ein Restaurant ist eben doch nur ein Restaurant und kein Esszimmer-Set. Wir sitzen einander gegenüber und sind ein wenig steif. Ich möchte sehr gerne, dass wir wieder Jack und Bob sind, aber wenn wir jetzt damit anfangen, kommen wir da für den Rest des Abends nicht mehr raus. Also müssen wir die Erwachsenen sein und reden. Über uns.

»Sollen wir kurz unsere Biographien abklappern? Dann haben wir diesen Teil schon mal hinter uns?«, fragt David.

Er erzählt mir angenehm zusammengefasst von seinem Job (irgendwas mit Fernsehen, ich höre nicht so genau zu) und von seiner Familie (Vater, Mutter, zwei Schwestern). Ich erzähle angenehm zusammengefasst von meinem Job, meiner Familie und meinen Kopfproblemen. Bringt ja nichts, spätestens wenn wir zusammenziehen, wird er es eh erfahren.

»Welche Tabletten nimmst du genau?«, fragt er nur.

»Citalopram«, sage ich.

»Ah. Ich auch. Also meine heißen Cipramil, ist aber derselbe Wirkstoff.«

Oh. Spätestens jetzt wäre es mehr als angebracht, David zu fragen, ob er sich Kinder mit mir vorstellen kann. Ich finde die Vorstellung, jeden Morgen zusammen die gleichen Kopftabletten zu nehmen, extrem romantisch.

»Weshalb nimmst du Antidepressiva?«, frage ich begeistert.

Er erzählt von Panikanfällen, einer schwierigen Beziehung zu einem doofen Mädchen und vom absurden Glauben an die eigene Unsterblichkeit. David hat eine Angststörung. Er hält sich für Supermann. Wie schön, dass ich nicht allein bin in der Zwischenwelt zwischen gesundem Alltag und psychiatrischer Anstalt. Anscheinend befinden sich viele Menschen *zwischen* Sodom und Gomorrha.

David ist nicht verrückt. Er ist normal. Nur mit Knacks on top. Eine kleine Macke als Accessoire quasi.

Wir sind durch mit den gröbsten Eckpunkten unserer Bio und verlassen das Restaurant. Wir wissen nicht so recht, wie weiter, daher schlage ich einen nächtlichen Ausflug ins Umland vor. See funktioniert immer. Also fahren wir und reden viel und durcheinander. Als wenn wir gar nicht schnell genug geben und nehmen können. Jeder will der Erste sein, wir unterbrechen uns und wechseln die Themen so rasant, dass wir gar nicht hinterherkommen.

Am See eingetroffen, merken wir, dass er nur das Ziel einer Reise war, auf der der Weg das eigentliche Ziel war. Wir sehen den See einmal an, und ich steige wieder ins Auto und tue so, als würde ich ohne David losfahren. Er lacht, und ich erkläre ihm meine Humorphilosophie.

»Gute Witze müssen eigentlich bis zum bitteren Ende durchgezogen werden, nur dann sind sie wirklich gut.« David nickt zustimmend. Ich gehe ins Detail: »Das bedeutet, dass ich dich hier hätte stehen lassen müssen. Nicht nur hundert Meter weiterfahren, sondern einfach nach Hause ohne dich! Dann wäre es ein Knallerwitz gewesen!«

»Vollkommen richtig. Ich verspreche, ich wäre nicht sauer gewesen, wenn du es getan hättest. Der Witz wäre es vollkommen wert gewesen!«, sagt er und meint es.

»Hast du Lust, bei mir zu schlafen?«, frage ich. »Nicht mit mir, nur bei mir. Neben mir. Kein Sex, nur liegen und beieinander sein und, na ja, schlafen.«

David denkt nach. »Das schaffen wir im Leben nicht.«

Ich muss lächeln und sage: »Vielleicht. Aber ich hätte es wirklich gern so. Wir könnten es zu einer Art Voraussetzung machen. Kein Sex. Nur nebeneinander sein. Was sagst du?«

»O.k.«, sagt David.

»O.k.«, sage ich.

Es ist merkwürdig, mit einem neuen Menschen im Bett zu liegen. Mit einem neuen Geruch und einer neuen Wärme. Menschen sind unterschiedlich warm im Bett, habe ich herausgefunden. Es ist nicht so, dass der eine kälter ist als der andere, die *Art* der Wärme ist anders. Als wäre Wärme ein verschiedenfarbiges Licht. Was weiß ich, jedenfalls ist Davids Wärme anders als die von Philipp, und das gefällt mir gut.

David liegt neben mir, und wir fühlen uns nicht verkrampft. Dass wir beide vorhaben, nicht miteinander zu schlafen, macht alles viel entspannter. Wir reden weiter und machen Witze und tauschen Vergangenheit aus und denken dabei nicht an die Geschlechtsteile des Gegenübers. Beziehungsweise des Nebeneinanders. Davids Hand liegt in meiner, wenn wir auf dem Rücken liegen, und wenn wir uns auf die Seite drehen, schieben wir unsere Körper ein bisschen aneinander. Wir geben und nehmen Worte und Körperwärme. Es ist schön, also schlafen wir nicht. Schlaf wäre Verschwendung von natürlichen Ressourcen. Wir reden weiter, damit wir Grund haben, weiterhin Wärme zu tauschen.

Wenn ich einnicke, fragt David sehr laut: »Und? Schläfst

du schon?«, und ich muss lachen. Wenn David einnickt, fragt er: »Und? Schlafe ich schon?« Er will auch nichts verschwenden.

Als es anfängt, zu dämmern, fummelt David an meinem Notfall-Bergkristallring rum. »Was ist das?«, fragt er.

»Ein Ring, du Idiot.«

»Schon klar, aber weshalb ist der so groß wie dein Kopf?«

Ich erzähle die ganze Mamageschichte. Dabei werde ich von David gestreichelt. Am Arm und am Rücken und am Nacken, und plötzlich rutscht mir ein besonderes Atmen raus, und David streichelt weiter, und ich rede nur noch stockend, und David streichelt weiter, und ich rede gar nicht mehr, sondern atme nur noch. Niemand fragt scherzhaft, ob wir schon schlafen. Denn wir schlafen nicht. Wirklich nicht. Wir sprechen auch nicht darüber, dass wir grade Vorsätze brechen. Wir haben schließlich lange genug durchgehalten, uns kann jetzt wirklich keiner was. Wir küssen uns, und obwohl der Rhythmus nicht sofort passt, ist es gut. Alles ist schön, egal, ob es gut ist oder nicht. Ich werde angefasst und darf anfassen. Riechen und hören und kucken. Mir egal, dass ich nicht komme. Das hier ist mein erstes Mal. Nach Philipp, und vor allem *danach*. Nach meinem persönlichen elften September.

Als wir fertig sind, sind wir fertig. Ich so sehr, dass ich weine. Ich kenne das von mir. Vielleicht passiert das nur, weil alles so entspannt ist, dass auch der Tränenschließmuskel sich entspannt. Andererseits mache ich nach Sex ja auch nicht ins Bett. Für viele Männer ist das aber vergleichbar, glaube ich und schäme mich. Ich möchte ja eigentlich auch nicht, dass mein Geschlechtsverkehrpartner danach in Tränen ausbricht. Männern muss das eine Heidenangst machen. Sie denken dann sicher, dass sie einem körperlich wehgetan haben. Wer allerdings nicht schon während des Sex sagt, dass er Schmerzen hat, der hat es meiner Meinung nach auch verdient, danach zu heulen. Das ist es also nicht bei mir.

Und da David sich für Supermann hält, glaubt er auch nicht daran, mir wehgetan zu haben, und umarmt mich einfach. Der depressive Supermann versteht schon. Ich wünschte nur, ich würde auch verstehen.

Wir wachen auf, liegen noch ein wenig rum und tauschen Morgenbettwärme.

Sobald wir aufstehen, ist Bett-David wieder Tag-David. Er macht viele Witze, aber ich bin noch nicht so weit. Ich bin noch auf Bett-Level. Innen und außen ganz warm und weich. David sagt, dass meine Tätowierung am Bauch aussieht wie Mecklenburg-Vorpommern, und legt lauter Gegenstände in meiner Wohnung in Höhen ab, die ich ohne Leiter nicht erreiche. Er checkt seine Mails und lacht über irgendwas im Internet. Ich bin verwirrt und suche leise Körperkontakt. Er fasst mir an den Hintern und fragt mit breitem Grinsen: »Macht dir doch nichts aus, wenn ich ein bisschen an dir rumfummele?« Dann küsst er mich irgendwo hin und geht.

Ich bleibe zu Hause und bin überrumpelt. Ich kann schon nachvollziehen, warum Frauen sich nach einer so enormen Nähe, wie Sex sie vermittelt, verlieben. Oder zumindest nicht sofort umschalten können. Und da sitze ich und bin noch ganz unumgeschaltet.

Im Laufe des Tages kommt eine MMS von David mit einer Zeichnung. Er hat Mecklenburg-Vorpommern gemalt.

Das ist in meiner Welt eine Entschuldigung. Oder ein Zugeständnis. Eine Verbindung. Ich bin wieder versöhnt.

Am Tag unserer Kinoverabredung gehen wir tatsächlich ins Kino. Ein zweites Date. Wir begrüßen uns eher unherzlich und linkisch, Freund Witz hilft uns beiden ganz gut durch die Situation. Ich bin unsicher, weil ich nicht weiß, was wir sind. Wie wir jetzt sein müssen.

Im Kino frage ich David, ob ich lieber rechts oder links von ihm sitzen soll. Er sagt: »Am liebsten auf mir.« Das frisch aus dem Nest gefallene Vögelchen Ich findet das niedlich und malt einen weiteren Strich in der Spalte »Zugeständnis«.

Es ist ungemütlich auf Davids Schoß. Aber er hält mich die ganze Zeit fest und drückt mich so dolle, dass ich kaum atmen kann. Ich werde gestreichelt und geküsst, aber die Umarmungen überwiegen. Ich mache noch zwei Striche in meiner Liste. Hier schlägt Nähe Sexualität. Nach der Hälfte des Films setze ich mich neben David. Wir halten unsere Hände, und ich erwische David mehrfach dabei, mich anzusehen. Ich erwidere seinen Blick standhaft. *Soso*, denke ich. *Du glaubst also, dass ich mich in dich verlieben werde? Ha! Kuck dich mal an!*

Nach dem Kino schlafen wir bei David und wiederholen nach dem Aufwachen das kalte Morgenritual. David macht Witze, ich bin verwirrt.

Wir gehen frühstücken und treffen Freunde von ihm. Wir frühstücken also zu viert. Ich höre den Jungs zu und denke über die Situation nach. Ich versuche, mich so interessant wie möglich zu verhalten. Ich bin lustig und schlau. Ich falle nicht auf David rein, liebe Freunde von

David. Seht doch her, wie aufgeklärt ich bin, ich weiß Bescheid über euren Freund. Die anderen haben sich vielleicht unglücklich verliebt, aber mir wird das nicht passieren.

David lacht mit uns allen. Er wirkt entspannt, mir zugeneigt, aber nicht nah. Wir könnten auch zusammen studieren oder uns an der Tankstelle getroffen haben.

Ich schraube mich also zurück. Meine Erwartungen und meine Bedürfnisse. Ich war zu schnell. Wie immer.

Als Davids Freunde gehen, sage ich ein ziemlich undefiniertes »So«.

Und David sagt ein ziemlich definiertes »Ich möchte gern noch mehr Zeit mit dir verbringen. Ich find es schön mit dir. Sollen wir noch was machen?«

Ich bin überrascht und freue mich sehr. Willkommen zurück, liebe Erwartungen und Bedürfnisse! Kommt, ihr und David und ich, wir verbringen alle den Tag zusammen!

Wir gehen ins Museum. Wir wollen uns deutsche Geschichte ansehen. Bereits im zwölften Jahrhundert fangen wir an, zu küssen. Wir kommen gar nicht los voneinander. Wir küssen und drücken uns, als müsste ich gleich in einen Zug steigen. Wir sitzen auf Museumsbänken und sprechen über unsere Krankheiten, unsere Köpfe, mögliche Zusammenhänge. Immer wenn wir einen trockenen Mund bekommen, küssen wir wieder. Wir kleben aneinander. Wir kommen nicht weiter als bis in das sechzehnte Jahrhundert deutscher Geschichte, dann werden wir gebeten zu gehen. Das Museum schließt.

Draußen ist es kalt und feucht, aber ich bin berauscht.

Die ganze Körperlichkeit macht mich ganz warm. Ich fühle mich wieder im Nest. Ich bin duselig. Wir stolpern ziellos durch die Stadt, und ich schubse unsere Gespräche immer wieder auf Davids Drohung.

»Warum glaubst du, dass ich mich verlieben werde? Warum nicht du? Oder keiner von uns beiden? Oder beide?«, frage ich.

»Weil es immer so ist«, sagt David eher resigniert als stolz.

»Ach komm, du wirst dich auch schon mal verliebt haben.«

»Nicht in den letzten Jahren. Mein Leben ist zu durcheinander dafür.«

»Das ist doch Quatsch«, finde ich. »Es muss nur die Richtige kommen«, sage ich weise und zeige vor meinem geistigen Auge auf mich.

»Das denkt ihr Frauen immer, dass nur die Richtige kommen muss.«

»Und ihr Männer denkt immer, dass wir Frauen uns sofort in euch verlieben. Haben wir kein Recht, das selbst herauszufinden?«, frage ich, überzeugt davon, mich nicht zu verlieben. Ich bin höchstens verknallt.

Ich unterscheide drei Stufen: verknallt sein, verliebt sein, lieben.

»Ihr bescheißt euch aber immer. Ihr tut aus Selbstschutz so lange so, als wärt ihr nur verknallt, bis es zu spät ist. Dann bin ich der Arsch, der nicht rechtzeitig erkannt hat, dass alles in eine Richtung läuft, die ich nicht gehen will.«

David ist gar nicht mehr lustig. Er scheint frustriert von seinen Erfahrungen. Und seine Erfahrungen frustrieren mich auch. Ich möchte nicht schon am Anfang des Films wissen, dass Bruce Willis selbst auch tot und unsichtbar ist. Jeder hat ein Recht darauf, das Ende zu entdecken und nicht schon serviert zu bekommen. Das ist doch das Aufregende am Leben. Das Risiko. Nicht zu wissen, ob man am Ende gewinnt oder nicht. Ich weiß doch selbst noch gar nicht, wie ich David finden möchte. Ob ich mich wirklich verlieben werde, ob wir gut passen. Und Davids Voraussage nimmt mir die schöne Aufregung, es herauszufinden. Und wertet mich ab. Macht mich vorhersehbar.

»Du und ich, wir werden vermutlich kein Paar«, sagt er. »Sicher weiß ich das natürlich nicht, aber so läuft es eben immer mit mir«, versucht David seine Aussage abzumildern.

Aber ich bin ja nicht dumm. Nicht *so* dumm.

»Ich möchte einfach nicht, dass die Mädchen, mit denen ich etwas habe, so tief fallen. Deshalb beende ich Sachen rechtzeitig, bevor jemand wirklich Schaden nimmt.«

Ich denke darüber nach. Wir laufen weiter Hand in Hand, aber ich sollte loslassen. Er hat Recht. Ich sollte meine kurzen Beine in die Hand nehmen und rennen, was das Zeug hält. Das hier wird nicht gut für mich. Auf der anderen Seite tut es aber so gut! Es schließt die Tür zu Philipp. Ich plädiere für Mut: »Ich weiß, dass ich tief fallen könnte. Aber das ist es mir wert. Dafür steige ich ja auch hoch hinauf. Ich zahle das, was es mir wert ist, verstehst du? So verläuft ein aufregendes Leben. Sicher passiert einem nicht viel, wenn man risikofrei lebt. Aber man bekommt auch nichts. Und ich finde, ich habe das

Recht, etwas zu erleben, wenn ich bereit bin, dafür auch zu zahlen.«

Wir kommen nicht zueinander bei dem Thema. Es ist natürlich auch viel zu früh, darüber überhaupt zu diskutieren. Denn ich weiß wirklich noch nicht, was ich will. Aber ich kann es auch nicht ertragen, dass mir die Entscheidung abgenommen wird.

Wir setzen uns in mein Auto, David streichelt mir über den Kopf, gibt mir einen Kuss, und wir hören laut Musik.

»Komm, wir gehen was essen!«, schlägt er vor, als ich grade vorschlagen will, ihn nach Hause zu bringen. Meine Erwartungen reichen aus Vorsicht nur noch für das aktuelle Event. Und das Event Museum ist durch. Natürlich nicke ich eifrig und freue mich. Nur noch dieses eine Event, sage ich der Erwartung mit erhobenem Zeigefinger. Danach ist aber Schluss! Schließlich hat dieser junge Herr nicht vor, sich in mich zu verlieben!

Wir essen in einem Steakhaus. Wir sind einander immer noch nah. Wir halten Hände, und auf dem Weg zum Restaurant hängt David meine Handtasche an ein Straßenschild, sodass ich lachen und auf und ab hüpfen muss. Beim Essen reden wir wieder viel über uns, unsere Köpfe, Depressionen, Angst und Therapien. Wir haben bemerkt, dass viele unserer Freunde ähnliche Probleme haben. Allein mir fallen mindestens fünf Freunde oder Bekannte ein, die unter Angststörungen oder depressiven Schüben leiden und nichts dagegen unternehmen. Sie ertragen alles demütig. Keiner geht zur Therapie oder lässt sich Medikamente verschreiben. Alle glauben, dass man einfach hindurch muss. Stimmt aber nicht. »Sie müssen nicht durch die Hölle gehen, Frau Herrmann«, höre ich Frau Dr. Kleve sagen. Und sie wird es wissen, sie ist Psychiaterin.

Mir schwirrt langsam der Kopf. Gespräche über das Seelenheil sind wie eine Zeitschleife. Sie sind unendlich. Die Psyche ist so viel komplizierter als eine schöne glatte Fraktur des Schädels. Eine kranke Seele ist nicht so gut erforscht wie ein Herzinfarkt, eine Fettleber oder ein Raucherbein. Es gibt zu viele Ansätze, Meinungen und Therapien. Der Heilungsweg ist oft langwierig. Man kann nicht einfach amputieren oder gesünder essen.

Meine Gedanken über mich und mein Inneres fangen an, mich zu nerven. Es ist wie Zauberwürfel spielen ohne Aussicht auf wenigstens eine einfarbige Würfelseite.

Also beenden David und ich sowohl Essen als auch Gespräch, und ich verkünde wieder ein nichtssagendes »So!« Die Erwartung zittert in mir. Sie weiß, dass sie nur bis zum Ende des aktuellen Events Essen reichen darf, aber sie tänzelt wie eine Ballerina auf Entzug auf der Grenze zum Nächstmöglichen. Aber da spiele ich nicht mit. Ich lächele treuherzig und sage nichts.

»Lust auf eine DVD bei mir?«

Ha!

»O.k.«, sage ich so freundlich und gleichgültig wie möglich. Ich spiele doofe Mädchenspielchen.

Wir halten wieder Hände auf der Straße, küssen in der Videothek, kaufen Eis und benehmen uns auch sonst wie ein Pärchen.

In Davids Küche treffen wir auf einen Mitbewohner. Wir teilen Eis zu dritt und spinnen rum.

»Und? Was macht ihr zwei noch?«, fragt der Mitbewohner.

»Wir werden wohl ficken«, sage ich. »Keine Gefühle, wir
ficken nur. Denn David verliebt sich ja nicht.«

Der Mitbewohner lacht und blinzelt zwischen David
und mir hin und her und sagt: »Nein, David verliebt sich
nicht.«

Am nächsten Morgen ist endgültig mal Pause. Selbst wenn David einen neuen Programmpunkt vorschlagen sollte, ich muss jetzt mal weg hier. Mich sammeln, Kleidung wechseln, meinen Freundinnen von David erzählen. Ich steige aus dem Bett, um mal die Erste zu sein, die den Wärmeaustausch unterbricht, und ziehe mich an.

»Ich geh mal«, sage ich überflüssigerweise.

»Alles klar«, sagt David, auch überflüssigerweise.

Draußen brüllt mir die freundliche Herbstsonne überdreht ins Gesicht. Ich fühle mich wie in einer Werbung für cholesterinarme Margarine: wach und lebendig und kerngesund. Ich muss jemandem erzählen. Von mir und von David und vom Sex und vom Nicht-Verlieben. Ich rufe Mama an, sie freut sich. Ich rufe Nelson an, der freut sich auch, aber verhaltener. Nelson ist eben Mann. Ich brauche jetzt Frau. Ich rufe Anna an.

Anna ist meine älteste Freundin. Wir sind schon zusammen zur Schule gegangen, haben das Abitur im selben Jahr gemacht und waren sogar mal sechs Monate gemeinsam in Barcelona. Zur Selbstfindung. Wir haben uns aber nicht gefunden, also sind wir wieder nach Hause geflogen. In den letzten Jahren sahen wir uns nur selten, aber unsere Herzen haben dauernd miteinander Kontakt. Anna versucht immer sehr zielstrebig, rauszufinden, wie es mir geht. Sie lässt sich nicht verwirren oder austricksen.

Seit ein paar Wochen sehen wir uns wieder regelmäßig. Denn auch Anna schleppt ein Paket mit sich rum. Sie konnte es mir erst zeigen und ich es erst öffnen, seit ich zur Therapie gehe. Vor ein paar Monaten erzählte ich ihr, wie schlecht es mir geht, und plötzlich hatte Anna Tränchen in den Augen. Ich weiß, dass sie von einem bestimmten Ereignis in ihrer Jugend ziemlich traumatisiert ist. Wir hatten ein paar Mal darüber gesprochen, aber man gräbt ja nicht so tief, wenn das Gegenüber lächelt. So hatte ich völlig unterschätzt, welchen Einfluss ihre Vergangenheit auf ihre Gegenwart hat.

Und plötzlich erzählte Anna, dass es ihr seit Monaten richtig beschissen geht. Dass sie regelmäßig ohnmächtig wird. Einfach so, mitten auf der Straße schlimmstenfalls. Ein bestimmter Geruch oder ein Mensch, der ihrer Vergangenheit ähnelt, knipst sie einfach aus. Sie geht kaum noch vor die Tür, trinkt Alkohol, um schlafen zu können, und redet mit niemandem darüber.

Anna ging es schlechter als mir, also übernahm ich instinktiv Mamas Part und erklärte ihr, was ich gelernt hatte. Dass man nicht einfach verrückt ist, sondern krank. Dass man sich Hilfe holen darf, sogar soll. Dass man aus diesem dunklen Raum nicht allein rauskommen kann und es auch niemand von einem erwartet. Und vor allem: dass man wieder ganz werden kann. Irgendwann.

Anna wirkte erleichtert. Froh, dass sich jemand kümmerte, vor allem aber dass jemand zuhörte. Von anderen Freundinnen, die sie viel häufiger sah, hatte sie sich entfernt. Anna hatte nicht den Nerv, dem unbeschwerten Leben ihrer Mädels zuzusehen, und die Mädchen fanden Anna anstrengend, weil es ihr immer schlecht ging. Das machte mich wütend. Andererseits schämte ich mich, weil ich auch nicht mitbekommen hatte, wie schlecht es Anna wirklich ging.

So ist er, der ewige Teufelskreis. Wir achten alle nicht genug aufeinander. Wir lassen uns zu schnell von abwinkenden Händen und schiefem Grinsen und schlechten Witzen überreden, dass alles in Ordnung ist. Und glauben, dass alles in Ordnung ist. Bis irgendwann die Seele ihre fünfzehn Minuten Ruhm einfordert, und dann geht nichts mehr. Denn die Seele will mehr als den kleinen Finger. Sie will alles. Und bekommt alles.

So ist das mit Anna. Wir sind Seelenverwandte. Im eher negativen Sinne. Aber wir leiden zusammen und kümmern uns umeinander. Wir haben Anna einen Psychiater und eine Therapie gesucht und reden viel. Wenn Anna nicht schlafen kann, kommt sie zu mir, wenn sie Angst hat, sage ich ihr, dass das nicht schlimm ist.

Mehr kann ich nicht tun. Ich kann das nicht heilen. Ich muss lügen, denn Angst ist sehr wohl schlimm. Angst ist das Gruseligste, was mir in meinem Leben je passiert ist, und ich möchte nicht, dass sie je wiederkommt. Angst raubt einem den Atem. Man kann nicht einmal weinen. Evolutionär betrachtet, muss man angesichts einer großen Bedrohung konzentriert sein. Tränen würden einem nur die Sicht verschleiern. Man muss aber sehen können, wenn man Angst hat, denn man muss sich schnellstmöglich in Sicherheit bringen. Nur, dass man in unserem Fall nicht weg kann. Man rennt immer nur gegen die eigenen Schädelwände.

Angst ist ein monströs großes, hässliches Tier, und es kommt, und es will einen holen. Und irgendwann wird es einen holen, denn wenn man sich nicht um diese Angst kümmert, wird sie so präsent, dass man irgendwann aufgibt.

Mich um Anna zu kümmern, gibt mir eine gewisse Kontrolle zurück. Dann kann es mir ja wohl nicht so schlecht gehen. Seit Monaten hatte ich keinen Panikanfall mehr, offensichtlich bin ich so gut wie geheilt. Und jetzt ist da auch noch ein neuer Mann.

Ich treffe Anna bei Kaffee und Kuchen, und sie ist begeistert. »Ach, der soll aufhören mit diesem blöden Nicht-verlieben-Gequatsche! So, wie du das erzählst, hat der sich längst in dich verliebt!«

Na, so weit würde ich nicht gehen wollen, Anna ist manchmal etwas überenthusiastisch, aber ich freue mich über ihre Reaktion. »Egal, wie das Ganze ausgeht, Anna, weißt du, was das Tollste ist? Dass ich das Gefühl habe, dass Philipp endgültig aus mir rausgespült wird. David funktioniert wie ein Klistier. Rein mit ihm, raus mit dem Mist!«

Anna muss lachen, aber ich finde den Vergleich eigentlich ganz treffend. Ich weiß nicht, wie das alles enden wird, aber in jedem Fall wird es ohne Philipp enden. Vielleicht latsche ich direkt in den nächsten Liebeskummer, aber ich habe Lust auf alles, was neu ist. Ich bin bereit für neuen Liebeskummer! Denn Liebeskummer ist vielleicht nicht schön, aber eindeutig einzuordnen und definitiv endlich. Und das wünscht sich mein Kopf am meisten: Ordnung und ein Ende.

Am Abend ruft David an.

»Was hältst du von Gesellschaftsspielen?«, fragt er knapp, als wären wir mitten in einem Quiz.

Ich liebe Gesellschaftsspiele, aber ich bin nicht sicher, ob das die richtige Antwort ist. Da es sich hier aber auch nicht unbedingt um die berühmte Gretchenfrage handelt, kann ich es wohl riskieren, die Wahrheit zu sagen.

»Hast du Lust, rüberzukommen und mit mir zu spielen?«, fragt er.

Ich freue mich sehr. David will mich schon wiedersehen. Die vierte Nacht in Folge.

»Aber wirklich nur spielen!«, schiebt er hinterher.

Ich sage zu, bin aber ein bisschen verstimmt. Was sollte der Nachwurf? Was bedeutet *nur spielen*, wenn man seiner Bettmieze diese Einladung ausspricht? Es klingt nach *nicht, dass wir wieder in der Kiste landen!* Aber machen wir uns nichts vor, wir landen immer in der Kiste. Weil es das ist, was wir nun mal machen, was uns verbindet. Und es passiert immer in beiderseitigem Einverständnis. Und überhaupt, wenn ein Hund *nur spielen* will, dann bedeutet das doch auch immer bedrohlich mehr als das, wonach es aussieht. Ich verstehe Davids Nachsatz nicht, er schüchtert mich ein.

An seiner Tür begrüßen wir uns nicht. Jedenfalls nicht körperlich. Wir hallo-en und gagen, und schwupps sind wir ohne eine einzige Berührung in der Küche und spielen so platonisch Scrabble, wie es sonst nur Verwandte können.

Ich merke, dass meine Stimmung sinkt. Ich weiß nicht, was hier los ist. Kleine Annäherungsversuche meinerseits scheitern schon an der Lokalität. Der Küchentisch ist riesig, mit den Händen kann ich David nicht berühren, mit meinen kurzen Beinen erst recht nicht. Davids Witze sind laut und zeichnen sich sowohl durch Qualität als auch durch Quantität aus. Doch ich bin nicht in der Stimmung. Ich bin empfindlich. Ich möchte das *Wir* gerne einordnen. Sind wir ein Wir? Sind wir ein Manchmal? Ein Vielleicht? Oder ein Mal sehen? Männer hassen diese Fragen, also stelle ich sie nicht. Ich sinke einfach immer mehr in mich zusammen. David fragt nicht, was los ist, ich nehme an, er fürchtet sich vor der Antwort.

Als wir endlich fertig damit sind, Buchstaben hin und her zu schieben, sagt David: »Wenn du willst, kannst du hier schlafen.« Er klingt leidenschaftslos. Wie ein großer Bruder.

Weil ich nie weiß, wann es Zeit ist, aufzugeben und zu gehen, bleibe ich.

Wir schlafen nicht miteinander. Nur nebeneinander. Ich bin unlocker, mein Kopf ist verkrampft, ich fühle mich, als wenn ich in Stacheldraht festhängen würde. Schmallippig und winzig liege ich in der Ecke des Bettes und hoffe auf Trost oder Klärung. Oder Körperkontakt. David liegt auch rum und sieht fern. Es ist vertrackt, denn vermutlich müsste ich einfach nur etwas sagen, mittei-

len, wie es mir geht. Aber ich will nicht nerven, nicht verliebt klingen. Also schlucke ich mich runter und schlafe
ein.

David und ich verhaken uns immer mehr ineinander. Wir diskutieren dauernd über die Liebe und ob man für jemand anderen mitentscheiden darf. Wir sehen uns weiter halbwegs regelmäßig, aber es ist nicht mehr so wie am Anfang. Unsere Treffen werden immer komplizierter, erwartungsgeschwängerter und unbefriedigender. Vermutlich ist der Zeitpunkt gekommen, der uns schon laut trampelnd verfolgt hat. David hat sich seine eigene Verknalltheit angesehen und festgestellt, dass sie sich nicht in den schönen Schwan Verliebtheit verwandeln wird. Wir haben uns auch meine Verknalltheit angesehen und befürchten, dass sie den Sprung auf das nächste Level sehr wohl schaffen könnte. Findet David zumindest. Ich weiß es nicht. Ich weiß nichts mehr.

Davids Suche nach meinen Gefühlen und sein Verhältnis zu ihnen nimmt mir jegliches Gefühl für mich selbst. Ich bin immer nur damit beschäftigt, zu finden und gleichzeitig nicht zu zeigen, nicht zu bestätigen. Ich will ihn austricksen. Das Ende heimlich selber wählen. Aber eigentlich will ich einfach noch ein bisschen in David schwimmen. Keine Beziehung, nur angefasst werden, Sicherheit spüren. Nur ein bisschen noch. Bis ich wieder ganz bin, ja?

»Karo, nenne mir ein Beispiel, wo so was ohne Liebe

funktioniert hat. Nur ein Beispiel für zwei Menschen, die ohne Gefühle einfach so ein bisschen miteinander ins Bett gehen!«

Ich weiß keins. Ich lüge, dass ich das sehr wohl schon so erlebt habe. Aber es stimmt nicht. Einer verliebt sich immer.

»Gut«, sage ich tapfer. »Wenn wir nicht mehr körperlich nah miteinander sein können, dann kann ich dich eine Weile lang nicht sehen.«

»Aber warum? Ich finde dich toll, ich rede gerne mit dir, ich verbringe gern Zeit mit dir!«

»David, du versuchst doch jetzt hier nicht *Freunde zu bleiben*?«

»Aber weshalb geht das nicht?«

»Weil es nicht das ist, was ich grade will. Ich möchte mehr. Ich weiß nicht, ob ich verliebt in dich bin, aber ich möchte diese Körperlichkeit, die wir noch vor ein paar Wochen hatten. Sie tut mir gut. Freunde habe ich genug. Ich habe dich nicht als Freund kennengelernt, also will ich dich auch nicht als Freund behalten!«

David wirkt ernsthaft traurig. Und fast glaube ich, dass er wirklich gern in mich verliebt wäre. Auf einmal wird mir klar, dass jeden Morgen die gleichen Antidepressiva zu nehmen vielleicht doch nicht das Romantischste ist, was ich mir vorstellen kann. Oder zumindest nicht das Beste, das mir zum jetzigen Zeitpunkt passieren kann. Ich kann ja kaum meine eigene Last tragen, wie soll ich denn da noch ein fremdes Gewicht auf meinem Gepäckträger transportieren? Vielleicht sollte der Mann meines Herzens gar nicht auf einem Pferd kommen, sondern für UPS arbeiten!

»Lass uns ein paar Wochen Pause machen, und dann

spielen wir mal wieder 'ne Runde Scrabble und testen uns auf Freundschaft, ja?«, beende ich unseren aussichtslosen Kampf.

David murrt. Wir sitzen in meinem Auto vor seiner Haustür, und er geht einfach nicht. Wir sitzen nebeneinander und sagen nichts mehr. Wir hören Phil Collins im Radio und machen keine Witze darüber. Ich muss dringend pinkeln, und David nickt in der trägen Klimaanlagenhitze einfach ein. Und hält dabei meine Hand. Er will mich nicht gehen lassen, obwohl ich es ihm wie die weiße Flagge angeboten habe.

Nach einer halben Stunde sage ich: »David, du musst jetzt gehen. Es bringt nichts mehr, die Sache zu drehen und zu wenden. Ich möchte grade alles oder nichts, du genau die Mitte. Wir kommen nicht zusammen.«

Er nickt zustimmend.

»Ich weiß, das wirkt jetzt vielleicht unpassend, aber ich muss wirklich dringend pinkeln, kann ich bitte ganz kurz auf deine Toilette?«, frage ich. Kein Spielchen, ich meine es ernst. Ich hab schon ganz gelbe Augen, so voll ist meine Blase inzwischen.

David grinst spöttisch und sagt: »Jaja.«

Ich bin entrüstet. Ich muss wirklich dringend aufs Klo, und es ist mir schon unangenehm genug, dass ich jetzt nicht so stolz davonbrausen kann, wie es meine Entscheidung, zu gehen, eigentlich verlangt hätte. Ich setze zu einer Standpauke an, aber David lächelt und sagt: »Nun komm schon mit hoch!«

Wir gehen in seine Wohnung, ich aufs Klo und danach direkt wieder zur Wohnungstür hinaus. Ich will zeigen, dass ich es ernst meine.

David fragt: »Willste noch ein bisschen bleiben und einen Film mit mir sehen?«

Ich stehe verloren zwischen Hausflur und Wohnung rum. Was soll das? Was macht er mit mir? Ich kann nicht bleiben, ich will nicht. Ich muss gehen, so war es abgemacht!

»O.k.«, sage ich.

Wir sehen einen Film, und wir schlafen miteinander. Es ist ein klassischer Abschiedsfick. Sehr durchdringend, sehr wortlos.

Ich bleibe über Nacht und verabschiede mich am nächsten Morgen mit den Worten, die ich schon immer auch mal sagen wollte. »Ich melde mich, ja?«

Und dann gehe ich, nicht mehr ganz so stolz, aber trotzig wie nie aus Davids Haus.

Ich muss weiter.

Ich bin nicht sehr unglücklich, eigentlich fühle ich mich trotz dieses Endes mit Ansage sogar frei. Ich fühle mich amourös reanimiert. Ich bin ein weiteres Stückchen ins normale Leben zurückgeschubst worden. David hat mich defibrilliert.

Vielen Dank, David, aber jetzt muss ich weg und die Liebe finden!

Ich wünsche mir dramatische Musik, um diesen Moment zu unterstreichen.

Kinder, was würde das gut wirken jetzt!

Und damit ist er wieder raus aus meinem Leben. David, mein Übergangsmann. Das hat Mama gesagt. Dass man nach einer großen Beziehung nicht sofort eine nächste große Beziehung eingehen kann. Dass man jemanden für den Übergang braucht. Jemanden, der heilt und aufbaut und den Weg für den nächsten Richtigen ebnet. Natürlich ist er nicht wirklich weg aus meinem Leben. Ich denke oft an David, und manchmal rufe ich fast an. Aber David ist standhaft, ich weiß, er wird sich nicht anders entscheiden. Manchmal ruft er mich an, und dann haben wir immer den gleichen Dialog:

»Können wir schon Freunde sein?«, fragt David.

»Klar! Können wir auch miteinander schlafen?«, frage ich.

»Nein, das können wir nicht.«

»Schade, dann können wir keine Freunde sein.«

Mehrere Wochen lang spielen wir dieses Spitzenspiel, und irgendwann versuche ich es mal mit Freunde-Sein. Wir treffen uns in einem Café, neutrale Orte werden wohl nie aus der Mode kommen, und trinken Kakao. Von außen sehen wir aus wie alle anderen. Von innen funktioniert es nicht. Ich bin nicht interessiert an David als Freund. Ich merke, dass ich ihn auch nicht lieben will. Ich will ihn so, wie ich ihn kennengelernt habe. Ein Kokon, von dem ich blickdicht umschlossen werde und in dem ich wie eine Larve wachse und groß und stark werde. Das ist es, was ich jetzt brauche, und das ist es, was David nicht will.

Also gehe ich.

In einer alten »Apotheken-Umschau« lese ich, dass die Selbstmordrate in Deutschland während der lichtarmen Monate, vor allem um die Weihnachtszeit herum, drastisch steigt. Ich finde das durchaus nachvollziehbar. Der Winter schließt einen zu Hause ein. Nur bewegungsfetischistische Menschen genießen das Draußen zu jeder Jahreszeit. Der Rest macht Winterschlaf. Mit halbgeschlossenen Augen wankt er an dunklen Wintermorgen zur Arbeit, abends zur Kaufhalle und erreicht mit nassen Schuhen und letzten Kraftreserven das schützende Heim. Dort legt er sich vor den Fernseher, wickelt gegebenenfalls seine Familie wärmend um sich herum und schläft. Das klingt natürlich erst mal spitze, aber für jemanden, der zu Hause keine warmen Menschen und zudem ein wankelmütiges Innenleben hat, kann der winterliche Trübsinn allerdings schnell gefährlich werden. Ich bin plötzlich unheimlich dankbar dafür, dass mein großer Psychoauftritt im Frühsommer stattfand. Ich hatte mehrere lichtintensive Monate lang Zeit, mich aufzurappeln.

Und rechtzeitig zur Vorweihnachtszeit scheine ich wieder ganz die Alte. Meine Wohnung hat es dieses Jahr nicht leicht mit mir, denn ich dekoriere wie eine Besengte.

Bei mir zu Hause sieht es aus wie auf vier Weihnachtsmärkten. Ich dekoriere nicht besonders gut, aber dafür viel. Jede Ecke soll mich weihnachtlich anbrüllen und einlullen. Schon am ersten Dezember laufen bei mir die schönsten Weihnachtslieder der Carpenters und der Wiener Sängerknaben abwechselnd rauf und runter. Ich spiele sogar das »Ave Maria«, gesungen von Frank Sinatra. Kein Weihnachtssong, ich weiß, aber mir wird dabei immer sehr heimelig. Ich backe pausenlos Rotweinkuchen und Plätzchen, fackele ein Räucherstäbchen nach dem anderen ab und erstelle Excel-Listen, um den Überblick zu behalten, wann ich mit wem auf welchem Weihnachtsmarkt verabredet bin.

Ich liebe die Vorweihnachtszeit. Und ich liebe die Großstadt während der Vorweihnachtszeit. Ich kann nicht genug bekommen von dieser bunten Weihnachtsbeleuchtung, mit der sich jede halbwegs laufkundschaftsreiche Einkaufsstraße schmückt. Ich habe sogar mal einen Brief an die Stadt geschrieben mit der Bitte um einen Etat für das Schmücken normaler Wohnstraßen. Die feinen Großstädter machen das nämlich kaum noch selbst. Es ist Konsens, dass Weihnachten ein kommerzielles Spektakel ist, eine Verschwörung des Einzelhandels. Bei dieser Gelegenheit schlaumeiert immer mindestens einer, dass der Weihnachtsmann eh von Coca-Cola erfunden worden sei und damit ja wohl endgültig alles klar sei. Kaum einer wisse, worum es bei Weihnachten gehe, Kinder bekämen eh nur noch Videospiele geschenkt, und um seine Familie zu sehen, brauche man ja wohl keinen Feiertag. Davon abgesehen, dass ich sehr wohl einen Feiertag brauche, um meine ganze Familie zu sehen, kann ich diesen modernen

Ansichten nichts abgewinnen. Ich mag Rituale, ich finde Blumen am Valentinstag schön und Romantikausflüge an Jahrestagen auch. Obwohl ich gar nicht so recht an ein *Für immer* glaube, würde ich irrsinnig gerne mal heiraten. Des Rituals wegen.

Und so stapfe ich jedes Jahr den gesamten Dezember lang durch die stromfressende Großstadt und bin selig. Ich verschenke Schokoweihnachtsmänner an meine Freunde und lade jeden Adventssonntag in die Weihnachtshölle meiner Wohnung, um Lebkuchen und Spekulatius mit Tannenzweigverzierung zu servieren. Es ist nicht so, dass ich den Heiligen Abend besonders herbeisehne. Im Grunde genommen ist das der Tag, an dem alles schon wieder vorbei ist. Obwohl ich ein sehr zielorientierter Stressmensch bin, wünsche ich mir, dass die Vorweihnachtszeit, die ja eigentlich nur der einmonatige Weg zum Ziel Heiligabend ist, nie zu Ende geht. Ich zelebriere jeden einzelnen Tag, als wenn es kein Morgen gäbe.

Der Heiligabend verläuft in meiner Familie seit Jahren gleichermaßen unweihnachtlich, obwohl wir uns wirklich große Mühe geben: Meine Mutter, ich und meine beiden verrückten Großtanten aus dem Ruhrpott feiern bei meiner Oma zu Hause.

Wir treffen uns gegen siebzehn Uhr enorm aufgebrezelt bei Oma, rauchen und trinken viel und absolvieren erst mal den »Wie geht es dir so?«-Parcours. Da wir uns alle so selten sehen, dauert das eine ganze Weile. Bestimmt zehn Minuten. Jede tut so, als wenn sie nicht viel zu erzählen hätte, denn wir sind alle scharf auf Omas Buletten und

Kartoffelsalat. Nach dem Essen rauchen wir noch ein bisschen und gehen jedes Mal etwa eine Stunde früher als geplant zur Bescherung über. Wir trampeln ins bis dahin verschlossene Wohnzimmer und geben viel *oh* und *ah* von uns, wenn wir den geschmückten Baum sehen. Mama macht Oma immer dieselben fachmännischen Komplimente für den Wuchs des Baumes, und dann setzen wir uns um selbigen und singen drei bis vier Weihnachtslieder, unsere Favoriten sind »Stille Nacht, heilige Nacht«, »Ihr Kinderlein kommet«, »Leise rieselt der Schnee« und »O du fröhliche«. Wenn wir schon viel getrunken haben, trauen wir uns sogar »Es ist ein Ros' entsprungen«. Obwohl wir ein fabelhafter Frauenchor sein könnten, singen wir ziemlich durcheinander. Unterschiedlich hoch, schnell und schön. Jedes Jahr kichern wir verschämt und irgendwie stolz. Die Bescherung verläuft genauso zügig und zielorientiert wie alles im Leben der Herrmann-Frauen, und so sind wir mit allem durch, wenn die anderen erst ihren Baum anzünden.

Wenn all diese Rituale erledigt sind, wird aus unserer Familie ein Herrenstammtisch. Wir öffnen unsere Hosen- und Rockknöpfe, ziehen die BHs aus, spielen Gesellschaftsspiele und werden laut. Es wird geraucht, bis selbst mir schlecht wird, Oma trinkt mit den Tanten aus dem Pott um die Wette Kräuterschnaps, und wenn wir eine obligatorische Runde »Das Nilpferd in der Achterbahn« gespielt haben, kommen die Skatkarten auf den Tisch, und es geht um Geld. Gegen zehn ist uns allen übel vom Rauchen, und jede rafft ihre Geschenke zusammen, bedankt sich artig und fährt nach Hause, um noch ein wenig fernzusehen oder Freunde zu treffen.

Es ist nicht schlecht, unser Weihnachten, es ist nur irgendwie nie so feierlich, wie ich es mir immer vorstelle. Also zelebriere ich die Vorweihnachtszeit so exzessiv, wie ich kann.

Obwohl das Weihnachtsfest im letzten Jahr exakt so verlaufen ist wie immer, war ich an diesem Abend mit meinen Nerven am Ende. Meine Familie und all die eingespielten Sätze und Kleinigkeiten brachten mich plötzlich auf die Weihnachtspalme. Ich war den ganzen Abend muffelig und zänkisch. Auf meinem geheimen Heiligabend-Bingozettel konnte ich innerhalb einer Stunde alle Reihen abkreuzen, so vorhersehbar waren wir alle geworden. Gegen 17.07 Uhr würde meine Mutter sagen, wie stolz sie auf ihr schönes Kind sei, um 17.15 Uhr würde Oma Mama fragen, ob sie etwas abgenommen habe, kurz vor der Bescherung würden die verrückten Tanten noch ein langes Gespräch über meine Zukunft anfangen wollen, und wie immer hätte sich Oma »beim Kartoffelsalat selbst übertroffen«. Ich wusste genau, wann Mama über die zu hohen Tonlagen der Weihnachtslieder kichern würde und wer kurz vor der Freilegung des Gabentisches daran erinnern würde, dass wir uns dieses Jahr ja eigentlich nichts schenken wollten. Jedes Kreuz auf meinem imaginären Bingozettel machte mich frustrierter. Ich fing immer wieder Streit an und rollte wie ein Teenager bei jeder Kleinigkeit mit den Augen.

Als ich meinen Unmut ein paar Wochen später Mama gegenüber äußerte, war sie überraschend einsichtig, weil sie das damals schon, wie ich heute weiß, als ein Zeichen meines seelischen Ungleichgewichtes sah. Sie schlug vor, dass wir das Ritual ja jederzeit ändern könnten. Euphorisiert von dem Gedanken an ein ganz anderes, ganz furchtbar weihnachtliches Weihnachten nickte ich heftig, wir könnten ab jetzt den Heiligabend wie einen Wanderzirkus jedes Mal in einer anderen Wohnung stattfinden lassen. Ich würde den Anfang machen, dann wäre Mama an der Reihe, dann wieder Oma.

Das war im Februar.

Inzwischen bin ich nicht mehr sicher. Meine Wohnung ist zu klein für einen Weihnachtsbaum, auf den meine Familie aber zu Recht großen Wert legt. Ich spüre plötzlich den Erfolgsdruck wie einen zu engen Fahrradhelm. Außerdem verlangt meine rissige Psyche nach einem Nest. Ich möchte mich in meiner Lieblingsjahreszeit einkuscheln. In etwas Vorgewärmtes, Vertrautes. Ich schleiche zu Mama und trage leise meine Bedenken vor. »Wäre es ganz schlimm, wenn wir Weihnachten bei mir dieses Jahr ausfallen lassen?«

Mama kriegt große Augen.

»Ich meine nicht, ganz ausfallen lassen, nur eben bei mir. Vielleicht könntest du anfangen mit dem Weihnachtswanderzirkus, und nächstes Jahr wäre ich dran?« Ich schäme mich. Wie immer habe ich erst das Maul aufgerissen, und jetzt ziehe ich den Schwanz ein. Aber damals in der Planungsphase konnte ja niemand wissen, dass ich dieses Jahr meinen großen Auftritt im Psychokabinett haben würde. Außer Mama vielleicht.

Aber Mama versteht mein Bedürfnis nach Nestwärme. »Kein Problem, mein Mackenkind. Dann richte ich den Spaß dieses Jahr aus. Aber nächstes Jahr bist du wirklich dran!«

Jaja, nicke ich heftig und bin erleichtert. Nächstes Jahr wird eh alles ganz anders, denn dann ist das aktuelle Jahr, das mich so in den Arsch gefickt hat, im Jahreshimmel.

Auch Nelson und ich haben unser kleines Weihnachtsritual. Was die Vorweihnachtszeit angeht, ist er ähnlich obsessiv wie ich. Nur dass seine Wohnung groß genug für einen Baum ist, und der tut dieses Jahr auch not, denn Katrin und Nelson feiern zum ersten Mal Weihnachten zu zweit und ohne ihre Familien.

»Du kannst gerne auch kommen! Hast ja sonst keine Freunde!«, schlägt Nelson feixend vor.

»Danke, aber du vergisst, dass ich Familie habe!«

Nelson und ich treffen uns seit vier Jahren am Mittag des 24. Dezember, um allerletzte Weihnachtseinkäufe zu erledigen. Dann geht jeder nach Hause und verpackt die Bücher / Krawatten / CDs / Gutscheine für die Lieben. Bevor jeder zu seiner Weihnachtsgesellschaft fährt, treffen wir uns noch einmal und tauschen Geschenke aus. Seit letztem Jahr singen wir sogar unter seinem Baum. Es ist immer toll und heimelig.

In diesem Jahr lassen wir das Einkaufen weg, weil Nelson Katrin versprochen hat, dass sie gemeinsam den Weihnachtsbaum schmücken. Ich finde das romantisch, aber auch unökonomisch. Hätte ich einen Baum, ich würde ihn schon Ende November schmücken. Aber andere

Länder, andere Sitten, und so fahre ich gegen sechzehn Uhr zu Nelson und Katrin.

Katrin öffnet die Tür, umarmt mich feste und wünscht mir frohe Weihnachten. »Du siehst irre aus«, sagt sie, »als wenn du zur Oscar-Verleihung gehst!« Sie hat recht. In unserer Familie kaschieren wir das fehlende festliche Gefühl durch glitzernde Kleidung. Ich bin geschminkt wie eine Hafennutte und trage einen Traum aus Schwarz und Gold.

»Hallo, Irma la Douce!«, begrüßt mich Nelson. »Wenn du noch vernünftige Schuhe anhättest, würde ich dich sofort unterm Weihnachtsbaum nehmen!«, verweist er auf meine beturnschuhten Füße.

»Ach, halt die Klappe, ich habe noch ein Paar goldene Nuttenschuhe für später dabei, aber in denen kann ich nicht Auto fahren«, sage ich und stelle meine Supermarkttüte voller Quatschgeschenke ab.

Katrin verschwindet, nachdem sie uns Tee mit Zimt gekocht und Kekse gebracht hat, in der Küche, um uns nicht bei unserem Ritual zu stören. Ich finde das sehr rührend und habe fast ein schlechtes Gewissen. Nelson sieht es mir wohl an: »Entspann dich! Katrin hat sogar darauf bestanden, dass wir unser Mini-Weihnachten durchziehen!«

»Wie? Hast du etwa in Erwägung gezogen, es ausfallen zu lassen?«, scheinmeckere ich.

Nelson grinst und zieht mich ins Wohnzimmer. Der Baum ist fantastisch und sieht nach Katrin aus.

»Keine Joints und leere Bierbüchsen diesmal?« Ich bin ein klitzekleines bisschen enttäuscht.

Wir trinken unseren Tee und hören Weihnachtsmusik aus dem Erzgebirge. Von außen wirken wir sicher sehr entspannt, aber ich bin ganz hibbelig, ich will meine Geschenke präsentieren! Nelson betrachtet meinen steifen, Gemütlichkeit vortäuschenden Körper, grinst und fragt: »Na? Noch einen Tee?« Ich kucke so böse, wie ich kann, und dann flehe ich: »Geschenke aufmachen, bittebitte!«

Ich schenke Nelson eine Kartenmischmaschine. Ich bin sehr stolz auf mein Geschenk, da Nelson und ich das Mischen unserer Spielkarten fast besser finden als das eigentliche Spielen. Die Maschine sieht irre aus: Sie ist mit Leder bezogen, vollelektrisch und rattert schön laut. Ein kleines Stück Las Vegas unter Nelsons Baum. Außerdem schenke ich ihm noch einen Gutschein für eine Thaimassage. Nelson freut sich sehr und möchte sofort ein paar Karten mischen. Aber das geht leider nicht, denn nun will ich meine Bescherung haben! Nelson hat seine Geschenke sehr sauber eingepackt. Ich nehme an, dass die gute Katrin dahinter steckt, aber das spreche ich nicht an. Einem geschenkten Gaul schaut man nicht aufs Geschenkpapier. Ich bekomme eine Special Edition von »Trivial Pursuit«: die 90er Jahre. Nelson grinst stolz: »Das ist unsere Zeit, die Neunziger!« Ich weiß, worauf er hinauswill: Wir spielen »Trivial Pursuit« seit Jahren wahnsinnig gern, leider sind wir nach dem Spiel jedes Mal seelisch gebrochen, weil wir nur sehr wenig wissen. Es ist einfach zu schwer. Nelson hofft, uns einen klaren Wissensvorteil durch die zeitliche Eingrenzung der Fragen zu verschaffen. Das ist sehr schlau, und ich freue mich sehr. Aber auch dieses großartige Geschenk können wir nicht sofort aufreißen und losnutzen, denn es ist Zeit, der Weihnachtswanderzirkus ruft. »Danke!«, sage ich artig und aus vollem Herzen. Dann befreie ich noch Katrin aus der Küche, umarme sie und flüstere leise: »Top Verpackung!« und stapfe mit meinen Turnschuhen raus in den grauen Weihnachtsvorabend.

Ich bin aufgeregt. Die neue Weihnachtslokalität beschert mir ein lustiges Bimmeln im Herzen. Ich stöckele in meinen goldenen Schuhen die Treppen zu Mamas Wohnung hinauf.

»Frohes Fest!«, brüllt mir Mama ins Gesicht. Ihr Atem riecht ein bisschen nach Sanddornschnaps, und ich bin beruhigt: Mama ist auch aufgeregt.

Ich werde in die winzige Küche geschleust, wo schon die beiden Ruhrpott-Damen und meine Oma sitzen und am orangenen Sanddorn nippen. Alle kichern und haben rote Bäckchen. Wir versammeln uns um den kleinen Küchentisch, an dem ich noch vor einem halben Jahr tatterig auf meinen Getreidekaffee starrte und Mamas Toast nicht essen konnte. Hitze durchströmt plötzlich meinen Körper. Das Gefühl ähnelt dem eines Panikanfalls, aber es ist Glück. Ich bin glücklich und zufrieden und bereit für meinen Weihnachtssanddornschnaps.

Mama hat ihre Wohnung königlich geschmückt, auch sie wurde augenscheinlich von der Rute des Erfolgsdruckes angetrieben. Sogar ihre Katze trägt eine rote Schleife um den Hals, und die kleine, hüfthohe Leiter, die meine kleine Mama braucht, um in der Küche an die höher gelegenen Sachen zu kommen, ist geschmückt wie ein Altar in einem Puff. Es gibt so viel zu entdecken, und ich fühle mich zum ersten Mal seit Jahren wie ein Kind an Weihnachten.

Wie bei einer richtigen Party musste jeder etwas mit-bringen. Die Tanten kümmerten sich um das, was sie am besten können: den Schnaps. Oma hatte den Weihnachts-kartoffelsalat im Gepäck, und ich habe die Liedertexte ge-pimpt. Normalerweise gibt es jedes Jahr lose Kopien der Noten der wichtigsten Lieder. Keine von uns kann Noten lesen, also habe ich dieses Jahr ausschließlich die Texte in weihnachtlicher Schönschrift ausgedruckt und in rote, mit Tannenzweigen und Glöckchen verzierte Mäppchen gebunden. Die Damen sind sehr beeindruckt, und wir kommen uns beim Singen vor wie ein richtiger Chor.

Mamas Baum sieht sehr hübsch aus, und diesmal lobt Oma den Wuchs.

Wir wickeln unsere Geschenke aus und schielen ver-stohlen zu unseren jeweiligen Bescherungstischnachbarn, um deren spontane Reaktion auf die Geschenke nicht zu verpassen. Mama schenkt mir ein gerahmtes Bild von uns beiden, als ich etwa fünf Jahre alt war. Ich muss ein bisschen weinen. Mama auch. Und Oma auch. Die Tanten kippen Schnaps und freuen sich über die heulenden Herr-mannfrauen.

Und dann passiert etwas, das sonst nicht passiert. Der nahtlose Übergang zum BH-Ausziehen wird unterbro-chen durch ein natürliches Gespräch. Wir sitzen um den Wohnzimmertisch herum und reden. Einfach so. Dar-über, wie es uns grade geht, wie schön wir es bei Mama finden und wie hässlich das fast vergangene Jahr war. Mama gesteht, dass sie in der Zeit, in der ich bei ihr ge-wohnt habe, selbst unter Panikattacken litt, weil sie ihr Kind so leiden sah. Das rührt mich sehr. »Ich hab dich sehr lieb, mein großes, schönes Kind!«, sagt Mama und drückt mich an ihre Brust. Ein Glück, dass wir unsere BHs noch anhaben.

Dann niest eine meiner Tanten. Fünfmal hintereinander. Das ist sehr lustig und wird bedenklich, als die Tante ganz rot anläuft. »Katzenallergie«, stammelt sie. Erst lachen wir, weil das gar kein so schlechter Witz ist, wenn man bedenkt, dass er von einer Achtzigjährigen kommt, aber wir werden ein bisschen muffelig, als sich rausstellt, dass die Tante es ernst meint. »Warum hast du das nicht schon früher gesagt?«, schimpft Mama. Die Tante nuschelt was davon, dass sie uns das Fest nicht verderben wollte.

Und plötzlich herrscht Aufbruchstimmung. Die Wohnung muss dringend gewechselt werden, aber wir sind wie bekifft und finden die Aufregung, die diese unerwartete Wendung mit sich bringt, herrlich. Die Gesellschaft teilt sich auf und fährt mit zwei Autos zu Oma.

Und so landen wir dann doch da, wo wir jedes Jahr um diese Zeit sind. Während die BHs ausgezogen werden und die Herrenrunde mit viel Gejohle eröffnet wird, blinzele ich heimlich zu meiner Oma. Die ganze Autofahrt über hat sie gejammert, dass sie auf einen Lokalitätenwechsel überhaupt nicht vorbereitet sei und dass es bei ihr aussehen würde wie Sau, aber jetzt, wo sie ihre Lieben mit frei wankenden Brüsten wieder bei sich zu Hause hat, sieht sie so glücklich aus, wie ich mich fühle. Beide seufzen wir gleichzeitig, aber unabhängig voneinander, und dann holen wir unser Kleingeld, denn wir sind schließlich nicht zum Spaß hier.

Kurz vor Silvester ziehe ich in Erwägung, meine Tabletten abzusetzen. Ich sehe keinen Grund, sie weiterhin zu nehmen. Frau Dr. Kleve empfahl mir damals, die Tabletten etwa ein halbes Jahr lang zu nehmen, dieses halbe Jahr ist nun vorbei. Es geht mir gut. Ich habe keine Angstanfälle mehr, bin nicht mehr unruhig, und mein Leben ist sortiert. Ich arbeite wieder ab und zu frei für diverse Event-Management-Agenturen, mein Liebeskummer ist bis auf ein kleines Ziehen hier und da verschwunden, die muffige Decke Traurigkeit liegt sorgfältig zusammengefaltet irgendwo, wo ich sie nicht sehen kann, und ich nehme wieder teil am Leben der anderen.

Ich sollte also bereit sein. Bin ich bereit? Bin ich denn glücklich? Nein. Aber Glück ist kein Dauerzustand. Glück ist der Schaum im heißen Badewasser. Und ein heißes Bad ist auch ohne Schaum ziemlich super. Aber ist mein Badewasser überhaupt heiß? Ich verlaufe mich ein wenig in meinen Metaphern und fange nochmal von vorn an: Ich bin nicht glücklich, aber auch nicht unglücklich. Ich bin o.k.

Und ich beschließe, dass *o.k.* noch nicht gut genug ist, um die Tabletten abzusetzen. Ich werde bis zum Frühling warten. Das scheint mir eine sichere Jahreszeit für entzugsbedingte Absetzungserscheinungen, wie der Beipackzettel der Antidepressiva sie verspricht.

Noch drei Monate Zeit, um aus *o.k.* ein *Ziemlich gut* zu machen.

Silvester ist eine Problemfeierlichkeit, das ist allgemein bekannt. Und in diesem Jahr extra problematisch, weil ich keinen Freund zum Ins-neue-Jahr-Reinküssen habe.

Dieser Jahreswechsel ist etwas Besonderes. Ich habe das Bedürfnis, mich mit Bedacht vom alten Jahr zu verabschieden. Das aktuelle Jahr und ich, wir haben noch eine Rechnung offen. Und die will wohlüberlegt beglichen werden.

Also beschließe ich, Silvester allein zu feiern. Nelson findet das jämmerlich, und ich versuche fast hysterisch, ihm meinen Standpunkt klarzumachen: »Es ist, als hätten das Jahr und ich eine ganz besondere Beziehung gehabt! Es hat mich geohrfeigt und bespuckt!«, sage ich theatralisch.

»Ein Grund mehr, es mit einer Party in den Hintern zu treten!«, findet Nelson.

»Du verstehst das nicht!«, murre ich. »Ich glaube, das alte Jahr wollte mir etwas sagen, mich ... ähm ... retten!«

»Indem es dir einen Nervenzusammenbruch und eine prima Depression beschert?«

»Ich weiß, dass das doof klingt, aber ja! Augenscheinlich musste ich mit Gewalt zur Einsicht geprügelt werden, dass ich nicht immer die Kontrolle über alles haben kann.«

»Ich weiß ja nicht«, zögert Nelson. Aber langsam versteht er meinen Punkt.

»Ich habe ja nicht vor, wie eine einsame Omi die ganze Nacht über allein an meiner Sektbowle zu nippen«, sage ich. »Ich möchte nur im entscheidenden Moment des Jahreswechsels allein sein und die Lektion akzeptieren und mich gleichzeitig freuen über eine neue Chance und ein neues Jahr! Klinge ich wie eine Hausfrau, die zu oft den Astro-Kanal gesehen hat?«

»Nein. Obwohl du wie eine aussiehst. Ich verstehe, was du meinst. Aber willst du nicht wenigstens nach Mitternacht auf eine Party gehen?«

Ich weiß noch nicht. Ich bin nicht so sicher, was mit mir passiert, wenn ich mich erst mal in den ganzen Verabschiedungs-Begrüßungs-Kram reingesteigert habe. »Mal sehen«, sage ich. »Ich wüsste gar nicht, wohin ich gehen soll.«

Das stimmt so nicht. Ich weiß, dass David eine Party schmeißt. Aber ich kenne kaum Freunde von David, und ich weiß nicht, wie schlau es ist, David unter so emotional aufgepeitschten Umständen wie Silvester zu sehen. »Ich entscheide das spontan!«, lasse ich verlauten und klinge nun wirklich wie eine Hausfrau auf schlechtem Speed.

Und dann feiere ich doch nicht allein Silvester, sondern mit Anna. Die hat nämlich auch noch eine Rechnung mit dem sterbenden Jahr offen, und so wollen wir zusammen esoterisch sein. Ich entweihnachte also meine Wohnung und ziehe ihr das Silvesterkostüm an. Es gibt Girlanden und Konfetti und bunte Papierlocken, die ich durch die ganze Wohnung puste. Mir selbst ziehe ich auch etwas Hübsches an, das Wichtigste ist aber ein roter Schlüpfer. Den soll man, einer italienischen Tradition zufolge, über die Zeit des Jahreswechsels tragen, das bringt Glück. Entscheidend ist, dass der Schlüpfer neu und ungetragen ist. Darauf lege ich dieses Mal besonderen Wert, denn letztes Jahr hatte ich einen roten Schlüpfer an, den ich schon länger besaß. Und wohin mich das geführt hat, haben wir ja gesehen. Ich habe auch für Anna rote Unterwäsche gekauft, falls sie die Tradition nicht kennt. Ich kann sie schließlich nicht ins offene Messer rennen lassen. Nicht heute.

Weil es ein besonderes Silvester ist, machen Anna und ich Bowle mit Aldi-Champagner und essen ganz feierlich kleine Brotschiffe mit Sauerrahm und Kaviar drauf. Wir fühlen uns wie reiche Russinnen und rauchen Damenzigaretten mit Blumenfilter. Wir sind aufgeregt, denn inzwischen glauben wir beide fest daran, dass das gehende Jahr schuld an all unserem Unglück war und dass es ab jetzt nur noch besser wird. Unser gesamtes Glück liegt also auf dem Rücken dieses Jahreswechsels.

Nach dem Essen nehmen wir uns ein wenig Zeit und gehen in uns. Ich habe vor, dem alten Jahr einen Brief zu schreiben und ihn mit ein paar anderen Utensilien des Bösen zu verbrennen. An das neue Jahr werde ich wiederum eine freundliche Einladung schreiben, ich erwarte viel von ihm, aber es soll den Erwartungsdruck nicht spüren. Diesen Brief werde ich dann vom Balkon werfen. Anna findet die Idee super, und so sitzen wir beide auf meinem Sofa, hören Elton-John-Songs und schreiben. Natürlich kommen wir uns lächerlich vor. Aber es ist uns auch ernst, deshalb machen wir kaum Witze und schreiben fleißig mit der Zungenspitze im Mundwinkel wie zwei Drittklässler beim Diktat. Als wir fertig sind, lesen wir uns verschämt gegenseitig die Briefe vor. Unser Ansatz ist ähnlich: Wir bedanken uns, auf die Karmapolizei schielend, beim alten Jahr für die Lektion, die es uns erteilt hat. Wir versprechen, dass wir verstanden haben, was man uns hat sagen wollen, und bitten am Ende darum, jetzt aber gehen zu dürfen. Wie beim Nachsitzen. Mein Brief endet mit »... und jetzt verpiss dich bitte!« Ich denke, dass das schon klargeht. Das alte Jahr wird ja wohl ein wenig Spaß verstehen.

Würdevoll klappern wir mit unseren Stöckelschuhen über meine Holzdielen auf den Balkon. Wir haben die Bowle und die Musik dabei und stehen wie zwei gutgekleidete Hexen still an meinem Grill. Nachdem wir fachmännisch das Feuer entfacht haben, werfen wir zu »Rocket Man« unsere Briefe in die Flammen. Ich verbrenne zusätzlich noch die Karte, die Philipp mir zu meinem fünfundzwanzigsten Geburtstag geschenkt hat, denn darauf ist ein Bild von uns beiden, auf dem wir glücklich tun. Außerdem landen noch ein Foto von David, die Verpackung meiner Tabletten und das Protokoll der Notaufnahme im Feuer.

Ich spüre weniger, als ich mir erhofft hatte, aber augenscheinlich ist das ja eins meiner Probleme, dass ich mich nicht spüren kann. Also bin ich nicht zu enttäuscht, als Anna und ich zitternd vor Kälte zurück in die Wohnung gehen. Es wird schon alles seine Richtigkeit gehabt haben, man muss ja nicht immer ekstatisch die Hände gen Himmel richten.

Ein wenig ratlos sitzen wir auf meinem Sofa und trinken Bowle. Die restlichen zwanzig Minuten bis Mitternacht verlaufen ein wenig zäh.

Und schließlich ist es so weit. In der Großstadt braucht man keine Uhr für den Jahreswechsel, man hört am Feuerwerk, wann Mitternacht ist. Als draußen der Traum eines jeden Pyrotechnikers losbricht, werden wir zwei ganz still und sehen uns mit großen Rehaugen an und können es gar nicht glauben. Und dann erwachen wir aus unserem Koma und umarmen uns und stoßen an und gehen auf den Balkon, um die Stadt brennen zu sehen und um »Willkommen, liebes neues Jahr!« zu brüllen. Vor Euphorie zitternd, nesteln wir unsere Briefe aus unseren Manteltaschen und werfen sie auf die Straße. Unsere verhalten geäußerten Wünsche, unsere Versprechen und Anbiederungen an ein uns völlig unbekanntes Jahr landen auf dem Bürgersteig, und ich hoffe, dass niemand die Briefe finden wird.

Es ist leicht an Silvester, sich vorzustellen, es wäre Krieg. Die Stadt liegt vollkommen in Rauch, und überall ist weißes und rotes Blitzen zu sehen, begleitet von dem bedrohlichen Geräusch der Explosionen. Ich frage mich, ob sich Menschen im Krieg manchmal zum Trost vorstellen, es wäre nur Silvester. Vermutlich nicht.

Wir zünden ein paar Wunderkerzen an, werfen mit Gold- und Silberregen um uns und wagen ein Tischfeuerwerk auf dem Balkon. Mehr Begeisterung für Feuerwerk können wir nicht aufbringen und gehen wieder in meine warme Wohnung.

Wir sind gelöst, der Retter ist da, und er hat den Feind in die Flucht geschlagen. Von jetzt an leben wir in einem befreiten Königreich.

Wir trinken die Bowle aus und versuchen uns im Bleigießen. Ich gieße immer nur undefinierbare Klumpen und frage mich, wie man es wohl schaffen kann, eine Gitarre oder ein Segelboot zu gießen, die laut Verpackung Glück und Geld und Liebe versprechen. Anna gießt nacheinander ein Telefon und einen Tropfen und eine Axt, leider stehen für diese Kunstwerke keine Deutungen auf der Verpackung, und so armselig, dass wir uns dazu passenden Quatsch ausdenken, sind wir dann doch nicht, also schmeißen wir unser Glück in den Mülleimer und singen Karaoke mit meiner Playstation. Anfangs hocken wir wie zwei Hühner schüchtern vor meinem Fernseher und singen mehrfach hintereinander »Father and Son«, weil man da nicht so viel falsch machen kann. Irgendwann lecken wir aber Blut, und wir schmettern, tanzend und das Mikrophon wie Rockstars über dem Kopf schwingend, die lautesten Songs der Achtziger. Nur bei »99 Luftballons« halte ich mich zurück, man hat ja auch einen Ruf vor sich selbst zu verlieren. Nachdem wir fünfmal »Father and Son« und zweimal jeden anderen Song, der uns zur Verfügung steht, performed haben, fallen wir mit roten Gesichtern schwitzend auf mein Sofa.

»Und nun?«, fragt Anna schnaufend. Es ist bereits drei Uhr morgens, aber wir sind adrenalingeschwängert und nicht bereit, so früh schon aufzugeben. »Wir könnten noch zu Davids Party gehen«, schlage ich ein bisschen zögerlich vor. »Bist du sicher?«, fragt Anna. Ich denke darüber nach. Und ich bin nicht sicher, aber ich möchte raus und Musik hören und Menschen sehen und unsere Befreiung feiern, wenn es sein muss, auch mit David im selben Raum. Also schultern wir unsere überschüssige Energie und fahren los.

Davids Wohnung ist zwar voll, aber nicht brechend. Das ist der Vorteil an Silvesterpartys. Sie sind nach Mitternacht nie so richtig ausgelastet, weil wir jungen Menschen Partynomaden sind und, auf der Suche nach etwas noch Besserem, ständig weiterziehen. Ich entdecke David und gehe auf ihn zu, um ihm ein schönes neues Jahr zu wünschen. Er freut sich und drückt mich feste. »Na, Frollein, dich will ich heute tanzen sehen!«, brüllt er mir ins Ohr. David ist der DJ seiner eigenen Party und stocknüchtern. Er ist sehr konzentriert bei der Sache. »Na, lass mich erst mal ankommen«, weiche ich seiner Aufforderung aus. Dann stelle ich ihm Anna vor. David sagt brav Hallo und legt dann weiter auf. Ich verschwinde kurz aufs Klo, um in meine Gefühle reinzuhören, aber die verhalten sich ruhig. Alles ist gut. Top. Das neue Jahr gibt sich schon am Anfang ordentlich Mühe. Anna und ich sind durch die Taxifahrt ein bisschen von unserem Party-Hühner-Enthusiasmus runtergerutscht und müssen uns erst wieder warm trinken. Aber dann sind wir wieder voll da und tanzen sogar. Ich tanze! Richtig mit Körper-im-Takt-Wackeln mitten auf der improvisierten Tanzfläche. Ich tanze mit Fremden. Hübsche und hässliche, ganz egal. Ich schwinge von Tanzpartner zu Tanzpartner, twiste und walzere und diskofoxe. Ich bange meinen Head und stehbluese mit unbekannten Jünglingen. Und dann küsse ich. Einfach so. Den mir fremden Stehbluespartner. Es fühlt sich gut an, und ich komme mir vor wie ein Teenager, weil ich seinen Namen nicht kenne, aber den Geschmack seiner Zunge. Wir schieben uns, die Zungen nicht abgebend, auf die Toilette und drücken am Waschbecken unsere Becken gegeneinander. Ich muss an meine rote Glücksunterwäsche denken und gluckse vor Freude. Mein Kusspartner fummelt an seiner Hose rum, und das ist mir dann doch zu teenageresk, also hüpfe ich vom Becken runter und sage mit glänzenden Augen: »Vielen lieben Dank! Das war sehr toll, aber jetzt werde ich gehen! Ich wünsche dir ein frohes neues Jahr!«

Und dann gehe ich. David legt immer noch auf, und Anna sieht glücklich aus und spricht mit mir unbekannten Leuten, und ich schicke ihr Küsse per SMS und laufe nach Hause. Es ist halb sieben, und es dämmert. Selbst die wahnsinnigsten Feuerwerksfans sind inzwischen betrunken oder schlafen, meine große schöne Stadt ist ganz leise. Nur meine Schuhe klickerklackern auf dem Bürgersteig, und ich fühle mich diesmal wie in einem deutschen Film. Wie Heike Makatsch, die grade aus irgendeinem Berliner Altbau purzelt, nachdem sie Jürgen Vogel gestanden hat, dass sie ihn liebt. Voller Glück und vor allem voller Hoffnung.

An der Kneipe neben meiner Haustür wird schon geputzt. Ein Mitarbeiter der Reinigungsfirma lächelt mich an und wünscht mir ein frohes Neues. Das habe ich, guter Mann, denke ich. Mein neues Jahr ist ganz dolle froh! »Danke, Ihnen auch!«, antworte ich und verschwinde in meinem Haus.

Das neue Jahr gibt sich wirklich große Mühe, und ich bin nachsichtig mit ihm. Dass meine Miete drastisch erhöht wird, laste ich ihm beispielsweise nicht an. Auch nicht, dass ich meinen Kneipenjob gekündigt habe. Immerhin geht es gesundheitlich bergauf. Meine Psychiaterin Frau Dr. Kleve habe ich schon seit Monaten nicht mehr gesehen, ihre Schwangerschaftsvertretung interessiert mich nicht, meine Tabletten bekomme ich schließlich auch vom Hausarzt. Zu Anettes Therapie gehe ich nur noch alle vierzehn Tage, und mein Kopf muckt auch sonst nicht auf.

Und nach ein paar Wochen gelingt dem neuen Jahr ein Coup: Es verschafft mir einen sehr guten Job. Meine alte Agentur ruft an und möchte, dass ich, zumindest projektbezogen, wieder für sie arbeite. Zuerst halte ich das für eine Unverschämtheit, schließlich hat man mir damals den Boden unter den Füßen weggezogen und ist somit mit schuld an meiner Kopfkirmes. Aber mein Ex-Chef hat für das Gespräch ordentlich Zucker mitgebracht, um ihn mir in den Hintern zu blasen. Und Zucker im Arsch funktioniert bei mir immer recht gut. Ich erbitte mir Bedenkzeit und außerdem ein ordentliches Gehalt, erstaunlicherweise wird mir beides bewilligt, so sage ich bereits zwei jämmerliche Stunden nach dem Gespräch zu. In Sachen Interessantmachen habe ich nichts dazugelernt.

Meine Agentur hat den Auftrag erhalten, die Jahresfeier eines Kinderfernsehsenders auszurichten. Man wird fünf Jahre alt und möchte groß mit Klein feiern. Mein Job ist es, mir für die Party einen inhaltlichen Ablauf zu überlegen, Spiele und Quatsch-Essen zu erfinden. Für die Arbeit an diesem Projekt bekomme ich sogar ein Büro und meinen Lieblingskollegen Max als Mitdenker. Max arbeitet auch frei für die Agentur. Wir haben schon auf vielen Partys zusammen hysterische Kunden beruhigt und Fun-Getränke erbrochen. Nun fühlen wir uns sehr cheffig im eigenen Büro und mit eigenem Auftrag.

Die ersten zwei Tage machen wir nur Quatsch. Wir diskutieren sehr lange, wie wir uns am Telefon melden wollen, falls jemand vom Kindersender anruft. Wir ziehen in Erwägung, den Namen unserer Agentur ganz zu verschweigen, damit wir selbständig rüberkommen und Folgeaufträge gleich auf unserem Tisch landen. Wir wollen auch Visitenkarten drucken lassen, aber Stefan, unser Chef, findet *Karo Herrmann, Head of Fun* nicht so gut und hält generell speziell projektbezogene Visitenkarten für überflüssig. Max und ich sind enttäuscht und basteln uns wenigstens Ansteckkarten, wie man sie auf Messen trägt.

Dann verbringen wir Tage damit, uns lustige Sachen zu überlegen. Wir sind uns in der generellen Ansprechhaltung sehr einig: Kinder dürfen nicht unterfordert werden. Man muss mit ihnen auch Erwachsenenspäße machen dürfen. Ich bin der festen Überzeugung, dass es beispielsweise irre witzig ist, vor seinem Kind laut zu rülpsen und dann dem kleinen Schatz die Schuld in die Schuhe zu schieben. Kinder finden so was zum Totlachen. Außerdem sollten Kinder fluchen dürfen, wenn es einen Anlass gibt. Wenn beispielsweise Kevin aus dem Kindergarten ein Arsch ist, gibt es keinen Grund, ihn nicht als solchen zu benennen. Kinder sollen sich auch selbst anziehen dürfen. Wenn mein Nachwuchs später mit Supermannkostüm und Gummistiefeln zur Einschulung gehen möchte, dann bitte sehr. Eine gewisse Vorsicht ist, was Kleidung angeht, erst wieder im Teenageralter angebracht, aber darum müssen Max und ich uns nicht kümmern, unsere Zielgruppe ist zwischen fünf und zehn Jahre alt.

Wir stürmen also unsere Gehirne und sammeln Spiele-Ideen. Wir erstellen zuerst eine Liste der Sachen, die wir auf keinen Fall auf der Party haben wollen, keinerlei Kompromisse gehen wir bei folgenden drei Klassikern ein:

1. Clowns
2. Niedliche Tiere
3. Kinder wie Clowns oder niedliche Tiere schminken

Unser erster Programmpunkt: Eltern nachmachen. Wir planen eine riesige Auswahl an Erwachsenenklamotten zum Verkleiden, damit man sich ausgiebig über seine Eltern lustig machen kann. Wer coole Eltern hat, darf sie zur Kind-Rolle verdammen, nachher gibt es Familienfotos, auf denen die Rollen vertauscht und die Kinder der Boss sind. Außerdem wollen wir Rockband spielen. Eine Art Miniplaybackshow mit echten Instrumenten. Jeweils vier bis fünf Kinder dürfen einen Song lang so tun, als hätten sie grad das Wembley-Stadion ausverkauft. Max schlägt »Wettrülpsen« und »Schuhe am Geruch ihren Besitzern zuordnen« vor. Ich bin begeistert. Mein Favorit ist jedoch »Schrei den Lukas«. Im Prinzip die krawallige Coverversion von »Hau den Lukas«: Wer am lautesten in eine Maschine brüllt, gewinnt einen Preis. Max verzieht ein wenig das Gesicht. »Das wird aber irre nervig!«, sagt er.

»Genau!«, freue ich mich mit roten Ohren.

Max ist ein eher ruhiger Mensch. Schlau und lustig, aber auch ein bisschen langsam. Er selbst nennt das »entspannt«. Für jemanden mit meinem Tempo ist das gewöhnungsbedürftig, aber wir sind jetzt ein Team, und die neue Karo will teamfähig sein. Und so sitzen wir drei Tage die Woche in unserem Büro und erfinden zusammen Kinderträume und sind tatsächlich ein gutes Team. Wenn ich total durchdrehe und zum Beispiel ein klitzekleines bisschen echten Alkohol für die Kinderbowle vorschlage, holt Max mich wieder runter. »Karo, ich kann mir nichts Schöneres vorstellen als einen Fünfjährigen mit einer Fahne, aber ich fürchte, dass das strafbar ist!«

»Bist du sicher?«, gebe ich nicht so schnell auf. »Ich spreche ja nicht von einem Long Island Iced Tea pro Nase, aber ein bisschen Sekt in der Bowle wäre sicher lustig. Ich habe als Kind auch immer heimlich das Bier von meinem Vater getrunken!«

Max rollt theatralisch die Augen und sagt sehr bestimmt: »Nein!«

Ich schmolle.

»Aber wir könnten die Getränke wie Cocktails und Schnaps aussehen lassen!«, schlägt er vor.

»Eigentlich brauchen wir nur die richtigen Gläser, und schon haben wir Traubensaft-Wein und Apfelsaft-Bier und Zitronenbrause-Schnaps!«

»Und die Erwachsenen müssen aus bunten Plastikbechern trinken!«, fordere ich.

»Natürlich!«, beruhigt mich Max.

»Und wird es Kaugummizigaretten geben?«, frage ich, noch ein winziges bisschen argwöhnisch.

»Natürlich, Karo! Was wäre denn eine Party ohne Kaugummizigaretten! Ich lege sogar noch Kokain auf Brausepulverbasis drauf!«

Max versteht was von Kindern, das muss man ihm echt lassen.

Und so arbeiten wir fast einen Monat zusammen und stellen eine, wie wir finden, top Kinderparty zusammen. Wir verbringen unsere Tage damit, den realistischsten Ersatz für echtes Blut zu finden und den Kindersender zu überzeugen, dass »Wer das längste Schimpfwort kann« nicht ein menschenverachtendes, sondern pädagogisch interessantes Spiel ist.

Der Kunde, dem wir wöchentlich Bericht erstatten müssen, ist größtenteils sehr zufrieden, nur das falsche Kokain findet er nicht so lustig. Wobei man der Fairness halber sagen muss, dass Max diesen Vorschlag gar nicht abgeben wollte, ich ihn aber heimlich in die Präsentation geschummelt habe. Und bei genauerer Betrachtung fand der Zuständige des Senders die Idee sogar sehr lustig, nur eben nicht so gut durchsetzbar.

Max und ich gehen gemeinsam Mittag essen, und manchmal trinken wir nach der Arbeit noch Getränke miteinander und sprechen über die Liebe. Max steht am traurigen und zähen Ende einer Beziehung. Er und seine Freundin streiten seit Monaten ständig, und die Phasen, in denen sie sich vertragen, sind nur noch Bruchteile der Zeit, in der beide streiten. Ich lächle in mich hinein und bin froh, das hinter mir zu haben. Ich weiß, wie schwer es ist, sich zu lösen. Wir ziehen jederzeit einen Schrecken ohne Ende dem Ende mit Schrecken vor. Wir alle haben Verlustängste. Also gebe ich Max gar nicht erst Tipps. Das Beste für ihn wäre, wenn sich seine Freundin trennen würde. Wenn er keine Wahl mehr hätte. Für mich hat das bestens funktioniert. Aber das sage ich ihm nicht. Ich verschweige ihm auch, dass er bis zur nächsten Liebe eine Übergangsfrau brauchen wird und dass er mindestens drei Monate fürchterlichen Liebeskummer haben wird. Es würde nichts ändern. Also wünsche ich ihm und seiner Freundin heimlich eine rasche und erlösende Trennung.

Nun erfüllt das überfleißige neue Jahr meine Wünsche schneller, als ich *aber pronto!* denken kann, und so kommt ein paar Tage später ein sehr geknickter Max in unser Büro. Er und sein Mädchen haben sich getrennt.

»Oh«, sage ich wortgewandt.

»Ja«, murmelt Max.

Ich fühle mich plötzlich mitschuldig: »Das tut mir leid. Wie geht es dir denn damit?«

»Keine Ahnung«, sagt Max. »Es ist definitiv die richtige Entscheidung, das wissen wir beide, aber es ist trotzdem traurig!«

Mein Herzschlag beschleunigt sich plötzlich. Das Thema rührt an mein eigenes Desaster mit Philipp und verursacht mir Phantomschmerzen. Ich kann jetzt leider keine gute Freundin sein und weiter nachhaken, also nicke ich einfach stumm, und wir arbeiten. Zum Glück müssen wir uns keine lustigen Spiele mehr ausdenken, sondern uns nur noch um Requisiten und Organisation kümmern. Zum Feierabend umarme ich Max feste. »Lass den Kopf nicht hängen. Vielleicht braucht ihr auch nur eine Pause. Manchmal rauft man sich wieder zusammen, wenn man erst mal merkt, was man verloren hat«, schlaumeiere ich. »Du kannst dich jederzeit melden, wenn du mit schmuddeligen Witzen abgelenkt werden möchtest!«

»Danke«, sagt Max. Er hat seine Körperspannung völlig verloren und schiebt seine schmalen Glieder in sein Auto.

Auf dem Heimweg zwinge ich mich zur Selbstanalyse. Auf der einen Seite zeigt mir Max' Unglück, wie gut es mir selbst inzwischen geht. Diese Zufriedenheit beschämt mich. Ich will so nicht denken. Ich will mich nicht darüber freuen, dass es endlich mal jemandem schlechter geht als mir. Auf der anderen Seite scheint es immer noch einen Schwelbrand in mir zu geben, schließlich ist mir bei der bloßen Erinnerung an meine eigenen Schmerzen fast schwindlig geworden. Ich bekomme das Gefühl, dass mein Körper mich austrickst. Mir vorspielt, dass es mir gut geht, und wenn ich mal kurz nicht aufmerksam bin, kann ich das kleine Feuer wieder riechen. Und wenn mein Körper mich bescheißt, bedeutet das, dass *ich selbst* mich bescheiße. Niemand, dem ich die Schuld für das Durcheinander in mir geben kann.

Meine Therapiestunden frustrieren mich. Ich bin das

ganze Gerede über mich und meine Ängste langsam satt. Ich möchte nicht noch mehr Verbindungen knüpfen, will nicht mehr analysieren. Seit über einem halben Jahr häufe ich mit Anette Wissen über mich und meine Seele an, spreche mit Freunden stundenlang über Psychokram im Allgemeinen und mich im Speziellen, und doch komme ich keinen Schritt weiter. Ich kann mein Wissen einfach nicht anwenden. In den Sitzungen ergibt alles sehr viel Sinn, aber sobald ich wieder draußen in der Welt stehe, denke ich jedes Mal: *Was muss ich jetzt nochmal genau machen, um vollständig ganz zu werden?* Anette findet natürlich, dass ich überhaupt nichts *machen* muss. Und dass es auch nicht um Schnelligkeit oder vollständige Ganzwerdung geht. Es gehe hauptsächlich darum, zu akzeptieren, dass man so ist, wie man ist. Dass man Ängste hat und diese Ängste auch ihre Berechtigung haben. Aber ich bin nicht bereit, das zu akzeptieren. Ich war siebenundzwanzig Jahre lang normal, ich sehe nicht ein, nie wieder die Alte sein zu können. Ich will eine Lösung für mein Problem.

Manchmal habe ich große Angst, dass ich vielleicht zu kompliziert für eine einfache Seelenheilung bin. Ich komme mir plötzlich unangenehm vielschichtig vor. Heile ich grade wirklich, oder spiele ich mir nur vor, dass ich heile? Oder spiele ich mir vor, dass ich mir vorspiele, zu heilen? Mein Kopf ist ein Labyrinth aus Möglichkeiten, und ich bemerke plötzlich, dass ich mir selbst nicht mehr traue.

Und das ist große Scheiße.

Am Wochenende ruft mich Max an: »Karo! Kann ich auf dein Angebot mit den schmuddeligen Witzen zurückkommen?«

»Klar!«, sage ich und krame hektisch in meinem Kopf nach einem zünftigen Exemplar. »Wie geht es dir denn?«, schinde ich Zeit.

»Ach, ich weiß nicht. Ich glaube immer noch, dass es die richtige Entscheidung war, aber die Wohnung ist ganz leer ohne sie!«

Ich bin gerührt. Ich möchte, dass das auch mal jemand über mich sagt, wenn ich weg bin. »So dick war sie doch gar nicht«, pruste ich. Ganz klar eine Übersprungshandlung. Ich entschuldige mich sofort.

»Kein Problem«, kichert Max. »Sollen wir ins Kino gehen oder so? Mir fällt zu Hause die Decke auf den Kopf!«

Also gehen wir ins Kino. Wir haben Spaß, und Max versucht, so wenig unglücklich wie möglich auszusehen.

An jedem neuen Tag scheint Max ein wenig von seiner Körperspannung zurückzugewinnen.

Und jeden Morgen sage ich wie eine Mutti zu ihm: »Es scheint dir besser zu gehen!«

Und jedes Mal grinst Max und sagt: »Das kann nur an dir liegen!«

Dann lache ich immer und sage: »Jaha!«, und dann macht jeder mit seiner Arbeit weiter.

Und plötzlich verändert sich langsam ganz, ganz leise der Ton zwischen uns. Max' Blicke sind ein bisschen länger und meine Witze lauter als nötig. Wir sehen uns viel, um Max von seinem Kummer abzulenken, und dabei lenken wir uns versehentlich in den falschen Hafen. Oder zumindest in einen anderen Hafen, als geplant. Ich erwische mich dabei, mir mehr Gedanken über meine Kleidung zu machen. Ich bombardiere Max mit fürchterlich vielen doppeldeutigen doofen Witzen, und Max pingpongt zurück. Jeder normale Mensch würde uns belächeln, den Braten riechen, die Sache als eindeutig und »zu den Akten bitteschön« bestempeln. Nur wir beide gurken umständlich umeinander rum. Wir sind zu unsicher, um diesen neuen Geschmack in dem Mahl unserer losen Freundschaft zu benennen. Jeder denkt, er könnte sich irren.

Wenn wir uns nicht sehen, telefonieren wir. Wir sprechen über dies und das, nur nicht über *jenes*. Sprechen immer wieder über Max' Exfreundin und über Philipp. Das Gerede über unsere Expartner hindert uns dankbarerweise daran, uns miteinander zu beschäftigen. Wir trauen uns nicht. Unseren eigenen Gefühlen nicht und denen des anderen erst recht nicht.

Und mit der Zeit wird es unerträglich. Wir sind kaum noch in der Lage, miteinander essen zu gehen, ohne ein Minenfeld der Doppeldeutigkeiten zu betreten.

Ich schäme mich für meine Feigheit. Ich möchte mich

trauen, zu sagen: »Was ist das da mit uns beiden, Max? Verlieben wir uns grad ineinander?« Aber ich traue mich nicht. Was, wenn ich mir das nur einbilde? Aus lauter Sehnsucht nach einem Heim mir schon wieder von meinem Kopf vorspielen lasse, dass mir diese Wohnung gefällt? Was, wenn Max zurzeit gar nicht zu vermieten ist?

Wie ein Teenager fange ich an, Pro- und Contra-Listen zu machen. Versuche, rational zu sein, wo es gilt, emotional zu sein. Wie kleine bunte Glitzerbildchen sammle ich, was ich an Max mag. Ich mag die Ruhe, die er ausstrahlt. Ich finde es sehr charmant, dass Max vor jedem Treffen sagt, dass er sich auf mich freut, und danach, dass er viel Spaß hatte. So was machen die Ritter von heute kaum noch. Max hat das schon getan, bevor es anders wurde mit uns.

Wir mögen die gleichen Filme und die gleiche Musik.

Reicht das schon?

Zählt das überhaupt etwas? Ziehen sich Gegensätze an, oder gesellt sich gleich und gleich gern?

Was zählt denn dann, bitteschön?

Dass es in mir drin leise bimmelt, wenn wir uns sehen?

Ja?

Na, bitte sehr: Das tut es!

Und es kitzelt. Fein und langsam. Das ist ungewohnt, denn ich habe eigentlich keine Zeit für fein und langsam.

Und ich halte es für keine gute Idee, mich in Max zu verlieben.

»Nelson, irgendwas passiert zwischen mir und Max!«

»Und?«

»Hast du nicht zugehört? Max! Der Max, mit dem ich zusammenarbeite!«

»Schon klar. Aber das ist doch schön! Ihr versteht euch doch super.«

»Ja, aber Max und ich sind wie Brüderlein und Schwesterlein!«

»Karo, du und ich sind wie Brüderlein und Schwesterlein!« Ich kann durchs Telefon hören, dass Nelson ein bisschen eingeschnappt ist.

»Jaja, aber auf jeden Fall fühlt es sich komisch an. Wie … keine Ahnung … Inzest!«, jammere ich.

»Wo ist das Problem? Du findest Max toll und, soweit ich verstanden habe, er dich auch. Hau rein!«

»Du machst dir das zu einfach, Nelson! Was, wenn ich mir alles nur einbilde? Dass es ihm wie mir geht? Schlimmstenfalls, dass es *mir* überhaupt so geht?«

»Wieso solltest du dir das einbilden?«

»Keine Ahnung.«

»Siehste!«

»Außerdem ist er grade erst aus einer Beziehung raus, da kann er doch nicht sofort in die nächste stolpern!«

»Weshalb nicht?«

Ich frage mich, ob Nelson versucht, der gute oder der schlechte Cop zu sein. Ich jedenfalls bin langsam der genervte Cop! »Nelson, so was geht nie gut! Er braucht erst eine Übergangsfrau! Und ich will keine Übergangsfrau sein, ich bin ein Hauptgewinn!«

»Jetzt hör mir mal gut zu, Karo. Was du grade erzählst, ist ein Haufen Mist! Erstens: Beziehungen mit nahtlosem

Übergang sind vielleicht selten, aber es gibt sie. Zweitens: Deine Theorie von der Übergangsfrau ist unbelegter esoterischer Durchfall. Drittens: Du bist kein Hauptgewinn. Du bist ein Mängelexemplar. Ein zauberhaftes und liebenswertes Mängelexemplar, und wenn da draußen jemand ist, der das sehen kann, dann ist *er* ein Hauptgewinn, also was stiehlst du meine Zeit mit doofer Selbstgeißelung? Schnapp dir den Typen und hör auf zu jammern!«

»Nelson?«

»Ja?«

»Aus welchem Film hast du das abgeschrieben?«

»Ach, du bist zum Kotzen!«

Wir lachen beide, und ich sage brav danke für die Kopfwaschung und lege auf.

Soso, rangehen also. Den Sack zumachen. Alles auf Rot. Ganz oder gar nicht. Nur die Harten ... Ach, nun reicht es aber.

Max und ich sitzen in der Hüpfburg und rauchen. Also ich rauche, und Max macht sich Sorgen, dass unsere Sitzgelegenheit deshalb platzen könnte. Es ist kurz vor Mitternacht, und die Party ist fast vorbei. Kinder und Eltern sind zumindest schon weg, jetzt stehen nur noch beanzugte Senderchefs und Marketingleiter und Head-ofs zwischen den einzelnen Spielstationen und klopfen sich bei einer Zigarre auf die Schulterpolster. Schade, dass auch hinter etwas so Reizendem wie Kinderfernsehen immer nur die gleichen alten Säcke stecken. Zumindest müssen sie aus bunten Plastikbechern trinken, da haben wir uns durchgesetzt! Max und ich haben jedes unserer Spiele zuerst getestet und später noch mehrfach durchgespielt. Wir haben, den Mund voller Kakaopulver, versucht, Sätze zu sprechen und zu raten, wir waren eine Rockband, und wir haben den Lukas angeschrien. Wir haben Kinder verkleidet und Eltern gedemütigt, uns an Apfelschorlebier betrunken und uns mit Kaugummizigaretten Lungenkrebs geraucht.

Wir sind sehr zufrieden und sehr erschöpft. Schweigend lassen wir die Beine baumeln, während der junge Frühling in den Nächten noch nicht ganz überzeugen kann.

»Was machst du jetzt noch?«, frage ich.

»Keine Ahnung. Du?«

»Weiß nicht.«

Na, läuft doch!

»Lass uns erst mal von hier verschwinden, mir wird langsam kalt.«

»Ich kann dir auch meine Jacke geben!«, biete ich an, Gentleman der ich bin.

»Du entmannst mich, Karo!«, schimpft Max.

»Ich werde doch noch meinem zarten guten Freund Max eine Jacke zum Schutz vor der bösen Kälte anbieten dürfen! Das nennt man Emanzipation, Mister!«

Auf der gemeinsamen Rückfahrt rumoren die Heizung meines Autos und mein Kopf gleichermaßen. Ich möchte von Max gerne ein winziges bisschen berührt werden. Ein leises Streichen über meine Wange oder ein kurzes Drücken meines Knies. Nur eine kleine Verbindlichkeit bitte. Irgendetwas, das mir Mut gibt, den nächsten Schritt zu gehen.

»Wollen wir noch eine DVD bei mir sehen?«, reißt mich Max aus meinen Gedanken.

Ich bejahe energisch und schlage vor, Alkohol zu kaufen. Mut antrinken, ist meine Alternative zu Mut haben. Es ist erbärmlich. Aber Max spielt den ganzen Quatsch mit und ist somit offiziell genauso erbärmlich wie ich.

In Max' Wohnung trinken wir kleine Schnäpse und sehen irgendeinen Film. Dauernd kommentieren wir, was wir sehen. Wir schaffen es nicht, auch nur zehn Minuten am Stück einfach bloß zuzuschauen. Verschwenderisch und hektisch verwenden wir unsere Worte und Blicke füreinander. Max ist unentspannt. Das gefällt mir gut, auch er hat die Hosen voll.

Als der Film zu Ende ist, stelle ich fest, dass ich nicht mehr Auto fahren sollte. Ich hatte Schnäpse! Max bietet mir an, bei ihm zu übernachten, und ich komme mir vor wie ein schlechter Lügner. Als hätte ich etwas sehr schlecht eingefädelt.

»Du willst mich nur ins Bett kriegen!«, versuche ich, die Ruhe zu bewahren.

»Das habe ich vor, seit ich dich in den Lukas schreien gehört habe!«, sagt Max sehr ernst.

Hui, denke ich.

Und nach all dem Zähneputzen und Kontaktlinsen-Rausnehmen und Nachtlektüre-Suchen und Wecker-Stellen und Handy-Ausmachen fallen uns keine Stolpersteine mehr ein, die wir uns in den so gradlinig verlaufenden Weg räumen könnten.

Wir liegen im Dunkeln nebeneinander im Bett und sind ganz steif überall, zumindest an Körperstellen, die für Sexualität nicht primär von Interesse sind.

Ich muss lachen, es bringt ja nix. Max lacht mit, aber er klingt unsicher.

»Ist es komisch, dass ich jetzt in deinem Bett liege, wo vorher jemand anderes lag?«, frage ich leise. Ich fühle mich plötzlich nicht mehr wohl. Ich sollte hier nicht sein, denke ich.

»Nein. Im Gegenteil. Du machst dich sehr gut in meinem Bett!«, antwortet Max schläfrig.

Und dann nehme ich einfach seine Hand in meine.

»Ich bin sehr anstrengend, weißt du?«, murmle ich.

»Ja, das weiß ich.«

Und dann begreife ich, weshalb es sich so richtig anfühlt: Max kennt mich schon. Max weiß, wie ich bin, wenn ich laut und hässlich werde. Und er findet trotzdem, dass ich mich in seinem Bett gut mache!

Ich drücke seine Hand.

Max drückt zurück, und dann tun wir so lange so, als ob wir schlafen, bis wir einschlafen.

Als ich wach werde, halten wir uns nicht mehr bei den Händen, und ich bekomme Schiss, weil ich den Anschluss verpasst habe. Max liegt mit dem Rücken zu mir und zeigt mir einen Oberkörper voller Sommersprossen. Ich bin ganz verzaubert. So viele Punkte!

Aber bei Tageslicht und ohne alkoholische Ausrede fällt es mir schwer, wieder anzudocken. Ich liege mit geschlossenen Augen rum und grübele. Ich werde auch ein wenig wütend auf Max. Ich wünsche mir mehr Eigeninitiative. Bevor ich mich wie zufällig näher in Max' Tanzbereich rollen kann, rollt er sich in meinen und greift nach meiner Hand. Auch wie zufällig.

Wir liegen weiter ein wenig mit geschlossenen Augen rum und planen die nächsten Schritte.

»Wie hast du geschlafen?«, fragt Max und dreht dabei seinen Kopf vorausschauend von mir weg.

»Ganz gut, dafür dass du ein mir bisher unbekannter Bettpartner bist«, antworte ich, die freie Hand schützend vor meinen Mund haltend.

»Vielen Dank! Du gefällst mir als Schlafpartnerin auch ausgesprochen gut!«, sagt Max zur Tür.

Wir müssen uns die Zähne putzen oder wenigstens etwas essen, sonst werden wir uns für den Rest des Morgens zwar die Hände halten, aber nicht sehen. Aber uns beiden ist das Risiko zu groß, einander gehen zu lassen. Also liegen wir, den Morgengeschmack mit Spucke hinunterspülend, im Bett und reden. Ganz langsam wandern unsere Hände dabei, scheinbar belanglos, aus dem sicheren Hafen und erkunden Handgelenke und Unterarme. Wir unterstreichen Gesagtes mit einem zarten Klopfen auf den Oberarm, verstärken Witze durch ein kleines Kneifen. Wir sind sehr vorsichtig. Als ob immer noch die Möglichkeit eines Missverständnisses bestünde, versuchen wir, unsere gegenseitigen Berührungen so unverfänglich wie möglich zu gestalten. Wir machen alles so, wie wir es seit über zehn Jahren nicht mehr gemacht haben: Wir provozieren einander verbal, sodass eine laute körperliche Reaktion angebracht ist. Wir reden Unsinn, nur um einander danach anrempeln zu können. Wir kitzeln uns sogar. Es ist beschämend. Aber wir kommen uns immer näher. In Rempelpausen liegen wir Bauch an Rücken und verschnaufen, denn unsere Schnecken-Annäherung ist kraftraubend. Wir klammern uns aneinander fest wie zwei Boxer im Ring. Und dann geht's wieder weiter.

Schließlich nehme ich Max' Arm und halte ihn wie eine Puppe fest umklammert und nah an mein Gesicht. Ich rieche seine Haut, und seine Haare kitzeln meine Nase, und dann küsse ich den Arm ein bisschen und begehe damit eine längst fällige Grenzüberschreitung.

Max gibt mir als Begrüßungsgeld einen Kuss auf die Schläfe und nimmt mich in den Arm. Wir plappern weiter, nur um uns der Situation nicht allzu bewusst werden zu müssen, aber wir vergessen auch nicht zu küssen. Unsere Arme und Schultern und Nacken und Finger. Wir küssen unsere Köpfe, unsere Ellenbogen, die Handrücken, und sogar unsere Schlüsselbeine werden von kleinen, federleichten Kussketten überzogen. Nur unsere Münder finden einander nicht. Manchmal sind sie sich sehr nahe, oft mit einem anderen Körperteil beschäftigt. Wir küssen aneinander vorbei. Die Nase, das Kinn, die Stirn, sogar die Mundwinkel. Als ob wir noch zurückkönnten. Im Notfall. Einer von uns beiden könnte ja plötzlich entrüstet sagen: »Was zum Teufel machst du denn da?«

Und eine Ewigkeit später treffen sich unsere unsicheren Münder endlich und begrüßen sich ganz verschüchtert und geben sich die Lippen, und ich frage mich, weshalb wir damit so lange gewartet haben.

Nun zahlt es sich aus, dass wir die ganzen anderen Körperteile schon angeküsst haben, denn jetzt kommen wir wirklich nicht mehr dazu. Wir sind sehr konzentriert auf unsere Münder, wir küssen und küssen und freuen uns, wie gut wir passen, und küssen weiter und weiter und weiter. Der Rest unserer Körper ist eingeschnappt, er fühlt sich vernachlässigt. Aber darauf können wir nun wirklich keine Rücksicht nehmen.

Wir schlafen nicht miteinander. Wir küssen uns nur das Gesicht rot und sehen uns zwischendurch immer erstaunt an. Max' Betthaare stehen ihm gut, er findet sie doof. Ich mache ihm lustige Frisuren und bewundere immer wieder seine Sommersprossen. »Du kannst dir eine aussuchen, wenn du möchtest«, bietet er mir an. Blöder Pubertätskram, denke ich, liebäugle aber sofort mit ein paar besonders schönen Exemplaren. Die Wahl fällt schwer, es sind so viele! »Kann ich auch alle haben?«, will ich wissen. »Nein, du musst dich entscheiden.« Immer, wenn ich versuche, mir eine auszusuchen, fangen sie an, vor meinen Augen zu flimmern. Ich entscheide mich für einen Irrläufer auf der Brustwarze. »Soso«, sage ich, »eine eigene Sommersprosse habe ich also schon. Dann steht einer Hochzeit ja wohl nichts mehr im Wege!« Max lächelt merkwürdig, und ich hoffe, dass ich nicht zu weit gegangen bin. Aber wem mache ich hier was vor, ich würde den gepunkteten Max auf der Stelle heiraten.

Aber solche Entscheidungen sollten nicht vor dem Zähneputzen getroffen werden, also schälen wir uns aus dem Bett und küssen uns aus dem Haus und in ein Frühstückscafé. Auf der Straße werden wir wieder schüchtern. Dieses neue Wir ist so neu und noch ein wenig unhandlich. Max wird steif, er hat Angst, seine Exfreundin auf der Straße zu treffen, und ich habe Angst, zu überfordern, also sind wir vorläufig wieder nur Max und Karo und frühstücken mit heimlich glänzenden Augen.

Und dann gehen wir wieder zu Max, ganz zappelig und ausgedörrt von der berührungsfreien Zeit und küssen schon im Fahrstuhl. Und im Hausflur. Und im Wohnungsflur. Und durch das Wohnzimmer hindurch ins Schlafzimmer. Wir haben einiges nachzuholen.

Max spielt keine Spielchen. Max plant seine Gefühle nicht. Max lebt so sehr im Hier und Jetzt, dass ich ganz neidisch werde.

Er freut sich, wenn wir uns sehen, und ist traurig, wenn ich eine Nacht allein schlafe. Er sagt, dass ich ihm gefehlt habe, wenn ich weg war, und dass er sich auf mich freut, wenn ich bald wiederkomme. Er macht schöne Geräusche, wenn wir miteinander schlafen, und mag die Nudeln, die ich für ihn koche. Im Auto blinzelt er mich von der Seite an und küsst meinen rechten Arm so, wie man einen Maiskolben isst: mit beiden Händen und in sauberen Reihen. Zum Glück habe ich ein Automatikgetriebe, so muss ich nie schalten und kann die ganze Autofahrt über den Arm geküsst bekommen.

Alles ist wunderbar, und damit kann ich überhaupt nicht umgehen.

Ich sehe meinem Glück mit Argwohn streng in die Augen und sage: *Na? Und wo ist der Haken, du Drecksau?* Das Glück blinzelt zuckersüß zurück und sagt: *Karo, ich weiß gar nicht, wovon du sprichst. Ist doch alles schön!* Aber ich bin ja nicht von gestern. Ich kann ein rosarotes Glück von einem echten Glück unterscheiden! Ich werde den Fehler schon finden!

Und so versuche ich, das Glück zu testen.

Zuerst setze ich nun endlich meine Tabletten ab. Es ist Frühling, ich habe Arbeit, ich bin gesund und verknallt. Beste Voraussetzungen für einen selbständigen Serotoninfluss! Meinem von Antidepressiva verwöhnten Körper gefällt das nicht, und er wird zickig. Obwohl ich mich von den Tabletten langsam und etappenweise mit Hilfe meiner Hausärztin entwöhne, stänkert er rum. Mir ist dauernd schwindlig. So sehr, dass mir davon übel wird. Mein Herz bewegt sich wie ein schlechter Tänzer: ungelenk und ohne jegliches Taktgefühl. Herzstolpern nennt man das. Das klingt sehr hübsch, ist aber auch beängstigend. Und so stolpern mein Herz und ich durch diese mittelschöne Zeit des Entzugs. Mit meinem Herz schwankt auch meine Stimmung. Die Übelkeit nervt, und dass ich den Haken an meinem neuen Glück nicht finde, auch.

Ich werde empfindlich, einmal wache ich mitten in der Nacht auf und fange heftig an, zu weinen. Einfach so. Max wacht auf und nimmt mich feste in den Arm. Wie ein Schluck Wasser sitze ich auf dem Bett, und Max umschlingt mich mit seinem ganzen Körper. Ich werde vollkommen eingewickelt in Max. Und so schluchze ich aus und schlafe weiter.

Max kauft mir Kaugummi gegen die Übelkeit, und ich versichere mich regelmäßig in Internetforen, dass meine hässlichen Symptome tatsächlich Entzugserscheinungen und kein aufkommender Herzinfarkt sind. Somit sind sie endlich und gut auszuhalten. Nach drei Wochen Übelkeit allerdings habe ich die Schnauze gestrichen voll, mein Körper allerdings auch, und so beschließt er endlich, sich nicht so zu haben, und funktioniert von einem Tag auf den nächsten wieder wie geschmiert.

Ich bin erleichtert. Jetzt bin ich wieder so wie die andern Kinder in meiner Straße. Karo kann endlich wieder runterkommen zum Spielen!

Meine Stimmung allerdings wankt weiter wie ein Betrunkener. Auf der Suche nach dem Haar in der Suppe meines Glücks fange ich an, zu stänkern. Ich finde Kleinigkeiten, die mein Glück zu Fall bringen könnten. Max fängt an, mich zu nerven. Er ist unglaublich langsam und unkoordiniert. Sein Zeitmanagement ist praktisch nicht existent. Er kommt immer zu spät. »So bin ich nun mal«, sagt er zu seiner Entschuldigung. Aber in meiner Welt funktioniert das nicht so einfach. Unpünktlichkeit ist kein angeborener Gen-Defekt, also sollte man sie auch nicht so behandeln. Außerdem ist Max konfliktscheu, was für mich immer mit fehlender Leidenschaft einhergeht. Auf gemeine Mails seiner Exfreundin reagiert er gelassen. Er ist kurz verärgert, zuckt dann mit den Schultern, und weg ist das Thema aus seinem Kopf. Mich macht das wahnsinnig. Max soll kämpfen! Aufbegehren! Sich wehren! Aber Max mag alle Menschen. Es gibt niemanden, den er so richtig doof findet. Und falls doch, würde er es denjenigen nicht wissen lassen. Er macht es sich einfach mit seiner Umwelt. Er ruht in seiner sogenannten Mitte.

Wie Magensäure stößt mir diese Eigenschaft plötzlich auf. *Das kann doch nicht der Mann fürs Leben sein!,* schreie ich dem Glück ins Gesicht. Das Glück kuckt gelassen an mir vorbei. Es weiß genau, dass Max' Ruhe ein notwendiger Gegenpol zu meiner Kopfparty ist. Dass seine Gelassenheit meine Kontrollsucht ausbalanciert. Dass er so verschmust ist, dass wir manchmal nicht einschlafen können, weil wir nicht aufhören wollen, einander so nah zu sein. Max stört es nicht, dass ich rauche, er hat sogar einen kleinen Aschenbecher gekauft und seinen Balkon bepflanzt, damit ich es schön habe beim Rauchen.

Und Max stöhnt nicht, wenn ich das Finale einer schlimmen Castingshow sehen will. Er schaut brav mit, und obwohl er es fürchterlich findet, entscheidet er sich noch schnell für einen der Kandidaten als seinen persönlichen Favoriten, sodass wir beide entrüstet und wie verrückt schimpfen können, wenn die Konkurrenz gewinnt.

Max möchte sich merken, wie viel Zucker ich in meinem Kaffee mag, welche Bücher ich noch lesen will und welche Schokolade mir die meiste Freude bereitet. Er ist aufmerksam und wissbegierig. Das alles listet mir das Glück überheblich auf. *Noch Fragen, Karo?*, triumphiert es selbstgefällig.

Aber so einfach funktioniere ich nicht. Ich traue weder dem Glück noch mir selbst über den Weg. Das läuft mir alles zu glatt, so etwas bin ich nicht gewöhnt. Ich bin sicher, dass ich recht bald alles kaputtmachen werde. Ich habe zu keinem Zeitpunkt die Sorge, dass Max aus unserem Zug aussteigen könnte. Im Gegenteil, nie habe ich jemanden kennengelernt, der so verlässlich in Sachen Gefühlen wirkt. Der so bei sich selbst und bei mir ist. Aber mein Kopf rattert und rattert wie ein nervöses Perpetuum mobile.

Ich bin launisch wie ein Kind und zanke, um Max zu

provozieren. Ich schlafe oft allein, um mir zu beweisen, dass es keinen Unterschied macht, ob ich mit oder ohne Max einschlafe. Und ich bestehe darauf, dass wir eine Affäre, keine Beziehung haben. Auch nach einem Monat witzle ich Max ins Gesicht, dass ich noch nicht bereit bin, einen Exklusivvertrag zu unterschreiben. Dass wir uns im Praktikum befinden und die Probezeit noch nicht abgelaufen ist. Max ist tapfer. Er witzelt mit, aber ich sehe in seinen Augen, dass er gegen eine Festanstellung nichts einzuwenden hätte. Und wenn ich ehrlich bin, habe ich das auch nicht. Ich habe nur schreckliche Angst davor, alles zu versauen. Mich einzulassen und nach ein paar Wochen festzustellen, dass meine Gefühle sich leise davonmachen. Dass ich anfange, mich zu langweilen. Die kleinste Ungereimtheit lässt mich panisch werden. Sobald Max etwas sagt oder tut, das mir nicht gefällt, kreischt mein Hirn sofort: *Siehste siehste siehste! Der isses nicht! Du findest den doch doof!* Der verkümmerte noch funktionierende Teil meines Gehirns wirft dann zögerlich ein, dass man nun mal nicht alles an einer Person super finden kann und dass man sich in einer Beziehung auch mal auf die Nüsse gehen darf, aber der hysterische Teil wird dann noch lauter und findet: *Nein! Man muss alles am anderen gut finden. Alles alles alles!*

»Vielleicht können wir uns in ein paar Wochen gar nicht mehr leiden!«, murmle ich in Max' Achselhöhle.

»Ja, vielleicht«, antwortet die Achselhöhle. »Aber daran könnten wir eh nichts ändern. Und ich habe grade das Gefühl, dass du das bist, was ich möchte.«

»Aber vielleicht ist das alles nur eine Phase. Vielleicht

bin ich nur deine Übergangsfrau und du mein Selbstwert-gefühlspolierer!«

»Ich weiß es nicht, Karo, aber wir müssen ja auch nicht morgen heiraten. Wir machen einfach so lange weiter miteinander, wie wir dabei glücklich sind«, sagt der schlaue Max und küsst meinen Kopf. »Und jetzt hör auf zu grübeln, du Stressvogel, und komm aus meiner Achselhöhle raus, damit ich mal eine unbehaarte Stelle von dir küssen kann!«

Mein Umfeld ohrfeigt mich von allen Seiten für meine Bedenken.

Therapeutin Anette sagt: »Karo, genieß doch einfach, wie es jetzt ist!«

Nelson sagt: »Du spinnst! Du bist glücklich, also red dir nicht das Gegenteil ein!«

Mama sagt: »Ach toll, mein Kind!«

Und Anna sagt: »Das klingt doch alles super! Wo ist dein Problem? Max ist kein egomaner Spinner wie Philipp und kein Psycho wie David. Er kennt dich schon seit Jahren und findet dich trotzdem gut! Was willst du denn mehr?«

»Ich weiß«, sage ich allen. »Ich weiß! Aber ...«

Aber aber aber.

Mein zauberhafter Bettpartner hält mich sehr geduldig aus. Wenn ich Zeit für mich brauche, bekomme ich sie, stelle ich dann fest, dass ich sie gar nicht will, darf ich unangekündigt und reumütig zurückkommen. Ich werde viel und oft und toll geküsst und umarmt und geliebhabt.

Und weil es ein unbefriedigender Sommer in der Groß-stadt ist und wir beide als sogenannte Freelancer unsere

Arbeitszeit selbst einteilen können, kaufen wir uns einfach fünf Tage Mallorca. Wir buchen ein solides Drei-Sterne-Hotel, das am Strand liegt und einen tollen Pool hat. Sowohl Max als auch ich sind leicht von der Form eines Pools zu beeindrucken, stellen wir fest. Je verschwurbelter ein Pool ist, desto besser. Eckige oder nierenförmige Pools kommen uns nicht in die Tasche. Wir wollen viele Rundungen und versteckte Nischen und Ecken und Tiefen und Inseln. Nachdem wir ein solches Traumobjekt gefunden haben, sagen wir energisch *jetzt buchen* zum Internet, und das Internet lässt sich nicht zweimal bitten und schickt *Herrn und Frau Herrmann* eine Buchungsbestätigung.

In vier Tagen geht es los, und Max und ich kichern viel, weil wir so aufgeregt sind. Wir kaufen gemeinsam Bücher und Sonnencreme und Reisespiele. Und ganz vorsichtig versuche ich, es mir in meiner neuen Zweisamkeit bequem zu machen. Versuche, nicht dauernd alles in Frage zu stellen.

Und genau in dem Moment, in dem ich mich fast einfach nur wohlfühle und kurz mal nicht aufpasse, kommt etwas und stellt mir ein Bein, und ich falle schlimm hin.

Meine jüngste Vergangenheit holt mich einen Tag vor unserer Abreise ein, während ich Bikinis packe.

Die Sonne blinzelt halbgar in mein Schlafzimmer, aber das imponiert mir nicht, denn morgen treffe ich ihre spanische Schwester, und die ist viel attraktiver, freue ich mich und lege die kleinen Stoffdreiecke zusammen. Ich bin unruhig. Anfangs irritiert mich das nicht, denn ich habe einen schönen Grund für eine gesunde Aufregung. Doch plötzlich fühlt sich meine Nervosität nicht mehr feierlich an, sondern hässlich und unschön bekannt. Es beginnt, in mir zu vibrieren, ich werde zitterig.

Na, dafür habe ich jetzt aber keine Zeit, versuche ich, meinen Körper zu mahnen und gleichzeitig zu ignorieren, und turne noch geschäftiger durch meine Wohnung. Rastlos trage ich Bücherstapel von einem Ort zum anderen. Ich sortiere verbissen, nahezu autistisch, Kleider und Schuhe in meine Reisetasche und spiele viel zu laut Musik, um nicht in mich hineinhören zu müssen. Aber meine Psyche ist eine Diva, sie will gehört werden, also wird sie proportional zur Musik lauter. Ich fühle mich wie vor einem Jahr im Baumarkt. Das Monster Angst kriecht langsam und bedrohlich auf mich zu. *Bittebitte nicht*, bettle ich verzweifelt und werde hektisch. Ruhe bewahren!, befehle ich mir. Das Problem orten!, befehle ich weiter. Was fehlt mir grad? Was macht mir solche Angst? Wo drückt der sogenannte Schuh?, frage ich im vertrauten Zwiegespräch mit mir selbst. *Ich habe keine Ahnung, aber er drückt unerträglich!*, kreischt mein hysterisches Ich zurück. Und es behält die Oberhand. Ich finde keinen Grund. Es geht mir gut, und ich fahre in den Urlaub mit einem Herren meiner Wahl. Und wenn ich zurückkomme, wartet das nächste Projekt in der Agentur, für die ich wirklich gerne arbeite. Ich weiß verdammt nochmal nicht für fünf Pfennig, was das Problem ist, also geh weg! Verpiss dich! Lass mich allein!

Aber meine Angst lässt mich nicht allein. Die Angst kann mich gut leiden und bleibt.

Ich versuche, tief zu atmen, mich zu beruhigen. Ich lenke mich ab. Ich bade, ich lese, ich versuche, zu schlafen, und sehe Mist im Fernsehen. Alles dämmt, aber nichts hilft. Ich werde zwar weniger panisch, aber nicht ruhig. Ich könnte meine kleinen blauen Notfallberuhigungstabletten nehmen. Aber ich weigere mich. Ich habe vor sechs Wochen meine Antidepressiva abgesetzt, da werde ich nicht wieder mit Tabletten anfangen. Meine Psyche ist jetzt erwachsen, sie wird sich selbst helfen müssen. Also dämmere ich, zerbrechlich wie ein frisch geschlüpftes Küken, auf meinem Sofa vor mich hin.

Ich muss diese Angst bezwingen. Ich werde nicht zulassen, dass sie mich kriegt. Und irgendwie schaffe ich es, sie auf dem Weg zu mir aufzuhalten. Ich halte die Angst eine Armlänge weit von mir entfernt. Das kostet viel Kraft, denn auch auf diese Distanz kann ich sie spüren, aber sie wird mich nicht kriegen.

So überstehe ich irgendwie den Tag, und meine Tasche ist abends fertig gepackt. Obwohl ich allein schlafen möchte, traue ich mir das plötzlich nicht mehr zu. Ich fahre zu Max, damit im Notfall jemand da ist. Max spendiert Tee, Umarmungen und tröstende Worte.

Aber ich trinke nicht, und ich höre nicht zu. In mir reißt sich etwas los und bewegt sich wieder schneller. Ich bitte Max, mich in Ruhe zu lassen, und tigere ziellos und gehetzt durch die Wohnung. Ich brülle ihn an, weil das Essen, das er sich bestellt hat, stinkt und mir davon schlecht wird. Ich schimpfe, weil er fernsieht, statt sich um mich zu kümmern, und meckere, weil mir zu kalt ist. Ich kann plötzlich nichts mehr aushalten, alles in mir ist schmerzhaft und fest gespannt. Ich vibriere wie eine Klaviersaite. Dann gebe ich auf und nehme doch die Beruhigungstablette und lege mich ins Bett und weine. Max kommt und nimmt mich, nach Pizza riechend, in den Arm. Er sagt nichts, und ich entschuldige mich schluchzend. Ich kann nicht aufhören, zu weinen, denn die Angst macht mir furchtbare Angst. Sie erinnert mich an schlimme Zeiten und zeigt mir eine lange Nase und dass absolut nichts total in Ordnung ist. Karo hat immer noch eine Macke. Karo funktioniert nicht alleine. So!

Unter diesen Umständen kann ich morgen doch nicht in den Urlaub fahren. Was, wenn ich mitten am Strand komplett durchdrehe? Wer hilft mir dann? Keine deutschen Ärzte.

Max beruhigt mich. »Du schläfst jetzt erst mal. Und morgen früh schaust du, wie es dir geht. Und wenn du dir die Reise dann immer noch nicht zutraust, fahren wir eben nicht. So einfach!«

»Aber wir haben doch schon bezahlt, wir werden nichts von dem Geld wiederbekommen, so kurzfristig wie das ist!«, geißele ich uns.

»Das ist doch jetzt egal, Karo. Dir geht's beschissen, also fahren wir nicht. Punkt. Ich kümmere mich morgen darum. Vielleicht kann man einfach umbuchen oder so!«, bestimmt Max und macht mir ein Hörspiel an, denn ich brauche etwas, das mich vom Denken abhält. Das weiß mein Max. Er kennt sein anstrengendes Mädchen.

Die Tablette tut ihre Wirkung, aber sobald die Angst schläft, wacht die Traurigkeit auf und wabert durch meinen Kopf. Ihre schwere Decke streckt ihre Zipfel nach mir aus und will sich auf mich legen. Aber ich habe keine Kraft mehr, mich zu wehren, also bleibe ich einfach liegen und stelle mich tot. Vielleicht findet sie mich dann nicht.

Ich wache früh auf und blinzele in die Morgensonne, die schüchtern durchs Fenster schielt. Ich fühle mich ganz erschlagen. Von dem gestrigen Tag und von der Erkenntnis, dass ich nicht so heil bin, wie ich mir eingeredet hatte. Außerdem muss ich jetzt eine Entscheidung fällen: Urlaub ja oder nein.

Neben mir sehe ich einen schönen Rücken voller Sommersprossen, und mein Körper füllt sich mit einem warmen Gefühl. Wie wenn man im Auto die Sitzheizung anmacht: eine strömende, angenehme Hitze. Ein bisschen wie einpullern, nur dass niemand diesen Vergleich mag. Und jetzt scheint er mir auch nicht passend. Ich lasse mich also mit Wärme für Max volllaufen und versuche, auf seinem Rücken Sommersprossenbilder zu sehen. Aber ich entdecke keinen Großen Wagen, auch keinen Bären oder was es sonst so gibt. Ich ziehe in Erwägung, einen Filzstift zu Hilfe zu nehmen, aber ich weiß, dass ich nur zu vergessen versuche, dass ich mich jetzt mal auf mich konzentrieren muss. Meine Verfassung entscheidet darüber, ob wir in acht Stunden in einem Flugzeug sitzen oder nicht.

Also beobachte ich mein Inneres so objektiv wie möglich. Im Gegensatz zu gestern geht es mir besser. Sehr viel besser, aber nicht gut. Die Angst ist vorübergehend weg. Aber der Schrecken sitzt tief. Nun traue ich also nicht nur meinen Gefühlen nicht mehr, sondern auch meinem Körper. Die Angst könnte, so überraschend wie sie gestern kam, jederzeit wieder das Lasso auswerfen und mich dummes Kalb einfangen. Nicht zu wissen, wann und warum etwas mit mir passiert, macht mich irre und wütend. Ich brauche die Kontrolle, zumindest über meinen Körper, und ich sehe nicht ein, weshalb das zu viel verlangt ist.

Ich habe große Angst vor Krebs und Embolien. Ich wusste lange nicht, weshalb mir genau diese beiden Krankheiten solche Furcht einjagen, bis die schlaue Anette meinte: »Na, ist doch ganz klar. Diese Krankheiten kommen schleichend, und sie können dich töten.«

»Aber Aids kann mich auch töten, und das macht mir keine Sorgen«, gab ich zu bedenken.

»Gegen HIV kannst du dich aktiv schützen. Aber du kannst nicht alle zwei Monate deinen gesamten Körper auf Krebs untersuchen lassen, also könnte es theoretisch sein, dass die Krankheit erst festgestellt wird, wenn es zu spät ist«, erinnert mich Anette. Das stimmt. Ich liege oft abends im Bett und werde panisch, wenn ich ungewohnte Schmerzen spüre, die ich nicht sofort einordnen kann, und dann fürchte ich plötzlich, ich könnte sterben, bevor mir irgendjemand helfen kann.

»Das ist ganz typisch für Menschen, die einen Kontrollverlust nicht ertragen. Einer unheilbaren Krankheit wäre man ohnmächtig ausgeliefert. Das ist eine ähnliche Furcht wie vor dem Verlassenwerden: Man ist in den entscheidenden Momenten allein. Wie du es eben sehr oft in deinem Leben warst.«

Soso, dachte ich. Ich bin also ein überkontrollierter Freak, weil ich davon ausgehe, dass ich mich auf andere Menschen nicht verlassen kann. Ich habe die Funktionen meines Körpers und meines Geistes so gut im Griff, dass ich ehrlich überrascht bin, wenn sich die beiden mal wehren und ihr eigenes Ding durchziehen.

Daran muss ich jetzt denken im Bett. Ich muss mich nicht wundern, dass die Angst so überraschend kommt, ich habe schließlich offensichtlich selbst Schuld daran.

Mein Sommersprossenhügel murmelt und dreht sich zu mir um. »Na?«, fragt ein ganz zerknautschter Max. »Na?«, mache ich zurück und verteile großzügig Morgenküsse.

»Wie geht's dir?«

»Keine Ahnung«, seufze ich resigniert, »das versuche ich schon seit einer Stunde herauszufinden, aber ich komme nicht so recht voran. Eigentlich geht's mir gut. Aber der Gedanke, mich so weit von zu Hause zu entfernen, ist gruselig«, gebe ich zu. Ich habe keine Angst. Nur Angst vor der Angst.

Mein schmaler Mann tätschelt mir den Kopf, steht auf

und murmelt was von Croissants. Als er die Wohnungstür hinter sich zuschlägt, verstehe ich, dass er augenscheinlich welche holt. Ich liege im Bett und blicke traurig auf Max' gepackte Tasche. Dann denke ich an meine, die noch zu Hause steht. Und an die Reisepapiere und dass wir schon heute Abend Sangria aus Plastikbechern am verschwurbelten Pool trinken könnten. Ich rufe Anette in der Praxis an. Sie geht tatsächlich ans Telefon, und ich witzele, ob sie keine Arbeit hätte. »Was ist los?«, fragt Anette besorgt. Diese Therapeuten können Stress riechen, ich bin mir ganz sicher. Ich erzähle von gestern und heute und morgen und frage, ob sie einen Notfalltermin für mich frei hat. Ich möchte mit ihr sprechen, bevor ich die Urlaubsentscheidung treffe. Sie hat, und ich kann am frühen Nachmittag kommen. Das passt gut, denn dann hätten Max und ich noch ausreichend Zeit, um von Anette zum Flughafen zu fahren. Ich bin erleichtert.

Max kommt zurück und bringt Croissants und Kaffee und Marmelade und verkündet, dass er mir ein Frühstück im Bett erlaubt, weil die Umstände so besonders sind. Das ist natürlich lächerlich, denn *ich* verbiete normalerweise das Frühstück im Bett, weil ich Krümel im Bett hasse. Aber heute sind Krümel das kleinere Übel, und ich erkläre, den Mund voller Blätterteig, Max meinen neuen Plan.

»Wenn wir gegessen haben, packst du deine Sachen zusammen, und dann holen wir mein Gepäck. Wir bereiten uns voll und ganz auf die Möglichkeit vor, tatsächlich zu fliegen. Dann fahren wir mit sämtlichen Taschen zu Anette, und nach der Therapiestunde entscheide ich, ob ich mich traue«, verkünde ich.

Max findet die Idee gut, auch wenn wir dann definitiv nicht mehr umbuchen können. Ich schäme mich, und schon steigen mir wieder die Tränen in die Augen. »Es tut mir sehr leid, dass alles so stressig ist mit mir!«

»Ach, Quatsch. Und dass du anstrengend bist, wusste ich ja vorher«, grinst Max.

»Trotzdem«, beharre ich. »Falls wir wirklich nicht fliegen können, dann mache ich es wieder gut. Ich zahle dir ratenweise das Geld zurück, das du wegen mir in den Sand gesetzt hast!«

»Nun entspann dich mal, Karo, der Urlaub hat nicht die Welt gekostet, und um Geld sollten wir uns erst Sorgen machen, wenn wir tatsächlich nicht fliegen. Und jetzt Ruhe!«

Und dann werde ich ein wenig entspannter. Egal, wie ich entscheide, meine Urlaubsbegleitung wird mich mögen.

Bei Anette passiert im Grunde nichts. Ich erzähle von der Angst und frage sie, ob das alles vielleicht nur eine späte Entzugserscheinung gewesen sein könnte. Dieser Einfall ist mir erst im Auto gekommen, und er gefällt mir ausgesprochen gut! Denn dann könnte ich diesen Vorfall in den Ordner »ergibt Sinn« packen und würde mich direkt aufgeräumter fühlen. Aber Anette, die als Freud-Anhängerin und tiefenpsychologisch praktizierende Therapeutin kein allzu großer Fan von Tabletten ist, hält das zwar nicht für ausgeschlossen, zieht aber eine andere Möglichkeit in Erwägung: »Es könnte doch sein, dass du einfach Torschlusspanik bekommen hast. Ich meine, ein gemeinsamer Urlaub ist doch schon ein nächster kleiner großer

Schritt in der Beziehung zwischen dir und Max, oder nicht?« Ich murmle irgendetwas Unverständliches, weil ich noch nicht bereit bin, von meiner favorisierten Theorie der späten Entzugserscheinungen abzuweichen. Erst recht nicht für etwas, das sich wieder als komplizierter Kopfmist herausstellen wird. Anette lächelt und fährt fort. »Es ging los, als du gepackt hast, sagst du. Einen Tag, bevor ihr losfliegen wolltet. Du erzählst mir außerdem seit Wochen, dass du der Beziehung nicht traust. Dir nicht traust.« Wie ein trotziges Kind kauere ich mit vorgezogener Unterlippe auf dem Drehstuhl und schmolle. »Ich glaube, dass du einfach Angst hast, dass dir diese schönen Gefühle wieder abhandenkommen, weggenommen werden. Ein gemeinsamer Urlaub schweißt euch noch enger zusammen. Sodass es am Ende mehr zu verlieren gibt. Aber weißte, Karo, so ist das im Leben. Und du hast mir mal gesagt, dass du bereit bist, hoch zu pokern. Dass du es in Ordnung findest, tief zu fallen, wenn man zuvor aber auch hoch gestiegen ist.«

Ich denke darüber nach. Es klingt sinnvoll, aber irgendwas in mir weigert sich, das auch zu fühlen. Dieses Einrasten, wenn etwas richtig passt, geschieht einfach nicht. Aber da ja schon seit einem Jahr nichts einrastet, auch wenn Erklärungen logisch scheinen, warte ich nicht länger, sondern komme zu dem, was mich immer interessiert: »Und wie kriege ich das wieder weg?«, frage ich wütend. Anette lächelt das »Mensch, Karo!!«-Lächeln. »Du musst lernen, diese Ängste zuzulassen. Zu verstehen, dass dein Körper dir damit etwas sagen möchte.«

Ich höre das zum hundertsten Mal und werde widerspenstig: »Aber ich will das nicht zulassen. Angst ist schlimm und nicht zu ertragen. Wie soll ich denn vernünftig weiterleben, wenn ich weiß, dass jeden Moment die große Scheiße um die Ecke kommen kann?«, frage ich vorwurfsvoll und den Tränen nahe. »Ich dachte, alles hat sich geändert, ich dachte, es geht wieder bergauf und ich bin gesund!«

»Aber es hat sich alles geändert, Karo! Dein Leben ist so viel besser und schöner und vor allem ausgeglichener als noch vor einem Jahr! Aber du musst deiner Seele zugestehen, noch nicht vollständig erneuert zu sein. Du hast dicke, fette Ängste aus siebenundzwanzig Jahren in dir drin. Die bügelt man nicht in einem Jahr vollkommen weg!«

»Soll ich jetzt nach Mallorca fliegen oder nicht?«, frage ich kleinlaut.

»Das kann ich nicht entscheiden. Aber falls du es durchziehst, kann ich dir homöopathische Beruhigungstropfen mitgeben. Ich habe sehr viele Patienten, bei denen die ganz gut wirken. Die nimmst du einfach schon dann, wenn du merkst, dass du unruhig wirst. Ansonsten machst du im Notfall eigentlich bereits immer genau das Richtige! Du versuchst, dich zu beruhigen, den Ursprung der Angst zu analysieren und dich abzulenken.«

Ich lasse mir die Tropfen vorsichtshalber geben. Sie heißen »Rescue-Tropfen«, und das klingt schön und sicher. Zur Verabschiedung werde ich umarmt, und dann purzele ich hinaus in die lauwarme Großstadt. Jetzt muss ich mich entscheiden.

Vor der Praxis sitzt Max und liest. Als er mich sieht, lächelt er mich vollkommen erwartungslos an. Egal, was ich jetzt sagen werde, es geht schon in Ordnung.

»Na, dann lass uns mal zum Flughafen fahren!«, sage ich.

»Biste sicher?«, fragt Max besorgt.

»Nö!«, sage ich. »Aber jetzt will ich!«

Das nenne ich Last-Minute-Urlaub!

Mallorca ist so, wie man es erwartet. So, wie es alle hassen und ich es liebe: überall Menschen und Kinder und Aufblasbares und Trinkbares aus Eimern. Es gibt überfülltes und fettiges Buffet, dünnen Kaffee, anstrengende Animation und Discos voller enthemmter Sekretärinnen. Ich liebe das! Ein ruhiges Haus in der Toskana zum Beispiel wäre für mich unerträglich. Ich brauche Leben um mich herum. Ich will mit all diesen Menschen nichts zu tun haben, aber ich will sie sehen können. Ich muss wissen, dass ich nicht alleine bin.

Die ganzen fünf feinen Tage lang machen wir nichts. Wir möchten nichts von der Insel sehen, wir wollen nur rumliegen und lesen und küssen und baden und essen. Kein Freizeitstress. Max hat, genau wie ich, keinerlei Interesse am Landesinneren, kulturellen Attraktionen oder sportlichen Aktivitäten. Wir wollen weder mit Delphinen schwimmen noch Wale beobachten. Kein Banana-Boot für uns und auch kein feuriges Tanzen in Diskotheken. Wir bilden einfach eine kleine anspruchslose Insel inmitten fremder Leute Urlaub. Das laute Leben, das uns umgibt, wiegt uns in Sicherheit und gaukelt uns vor, irrsinnig viel zu erleben, obwohl wir nur zusehen. Method-Urlaub. Wir versetzen uns in die anderen und sind abends ganz erschöpft davon. Wir machen sehr viele Fotos, aber eigentlich nur von uns. Wie wir aussehen, wenn wir knutschen und essen und schlafen. Jeden Abend trinken wir Sangria. Wir trinken aus Flaschen und Gläsern und Zahnputzbechern und dabei spielen wir Karten auf dem Balkon.

Wir urlauben wie Fünfzigjährige. Es ist genau meine Tasse Ferien.

Mein Körper entspannt sich ein wenig. Manchmal allerdings versucht die Angst, sich in unseren Urlaub zu mogeln. Dann fängt es an, in mir zu beben. Aber bevor es schlimm werden kann, nehme ich Anettes Wundertropfen, und Max und ich latschen uns die nackten Füße am Strand so lange rau, bis es wieder geht.

Und ganz manchmal verliere ich die Verbindung zu Max. Irgendeine Kleinigkeit, die er sagt oder macht, löst eine emotionale Unterbrechung aus. Als ob meine Gefühle für Max einen Wackelkontakt hätten. Eben noch alles super, und plötzlich spüre ich nichts mehr. Und irgendwann ist es wieder da. Aber bis *irgendwann* vergehen eben Minuten und manchmal Stunden, in denen ich ausreichend Zeit habe, den Teufel in den allerschönsten Farben an die Wand zu malen. Es verwirrt mich in höchstem Maße, wenn ich nicht jede Minute glücklich bin.

Ich bin nicht dumm, ich weiß selbst, dass das nicht viel zu bedeuten hat. In den phantastischsten Beziehungen gibt es Momente, in denen man sich gegenseitig hässliche Krankheiten an den Hals wünscht. Aber tritt diese Phase nicht erst später ein? Ich merke, dass ich keine Ahnung mehr von der Liebe habe. Von normalen Beziehungen. Die kleinsten Unebenheiten machen mich unsicher. Und immer, wenn ich überlege, ob Max' komische Badehose tatsächlich ein Trennungsgrund sein könnte, geht es wieder bergauf. Das ganze Hin und Her macht mich schwindlig und feige.

Ich unterschreibe nach wie vor keinen Exklusivvertrag mit Max. In meinem Leben ist er weiterhin offiziell ein Freiberufler. Liebster Stammkunde. Es ist nicht so, dass ich mich anderweitig umsehe, mir gar andere Lebensläufe zuschicken lasse. Nein. Max ist der Einzige in der Agentur meines Herzens. Aber Festanstellung traue ich mich nicht.

Unsere Heimat öffnet ihre trotz Sommer nassen Arme und empfängt uns, braungebrannt von hemmungslosem Sonnenmissbrauch und mit weichen Bäuchen vom vielen Urlaubsessen. Ich mag es, dass es zu Hause regnet. Alle meckern und murren, im Radio reden doofe Leute auf doofen Sendern dauernd vom »kältesten Sommer seit ...«, und sie spielen wetterkritische Musik. Allein während der Taxifahrt vom Flughafen hören wir zweimal »Wann wird's mal wieder richtig Sommer«. Aber ich freue mich. Ich glühe nach. Ich hatte eine wunderbare Zeit, aber jetzt kann ich es kaum erwarten, in meinem Federbett zu schlafen und wieder feste Kleidung zu mir zu nehmen. Ich brauche meine Abwechslung.

Max und ich schlafen jeweils in unseren eigenen Wohnungen, denn Max muss früh aufstehen und arbeiten, und ich möchte gern mit mir sein. Ich habe Angst, die Unabhängigkeit, die ich mir in den letzten Monaten so tapfer aufgebaut habe, zu verlieren. Ich glaube, gewappnet sein zu müssen, für den Fall, dass wir unser *Wir* wieder aufkündigen. Ich darf den dünnen Draht zu mir nicht verlieren. Jede Woche mindestens drei Nächte allein schlafen, lautet meine goldene Regel. Max hält sie für Quatsch, aber er lässt es mich nie wissen. Ich weiß es trotzdem.

Am nächsten Tag kümmere ich mich um Liegengebliebenes. Essen von vor einer Woche zum Beispiel. Oder volle Aschenbecher. Meine Wohnung soll nicht den Eindruck haben, die zweite Geige zu spielen. Ich räume auf und putze und mache auch nicht vor den Fenstern halt.

Ich checke meine Mails. Nicht, weil ich etwas erwarte, sondern weil man das so macht. Und *pling*, ich erhalte Post aus der Agentur. Mein Manchmal-Chef Stefan fragt, ob ich einen Medientreff organisieren will, und mein Fast-Freund Max schreibt, dass ich und mein weiß gebliebener Hintern ihm fehlen. Stefan sage ich zu, unter der Bedingung, auch hin und wieder Sachen machen zu dürfen, die ohne Thomas Gottschalk auskommen, und Max lasse ich wissen, dass mein weißer Hintern sich über ein gemeinsames *Abendbrot plus* in den nächsten Tagen sehr freuen würde. Noch aber will ich ein bisschen allein sein. Ich möchte Max erst richtig vermissen. Ich wünsche mir eben knallharte Ansagen von meinen Gefühlen.

Und die bekomme ich.

Mitten in der Nacht.

Ich wache gegen drei Uhr morgens auf und kann nicht atmen. Mein Herz schlägt sich die Wände wund in meinem Brustkorb, mein Körper brennt, und ich stecke mitten in einem Sturm. Das Monster in mir hat sich heimlich angeschlichen und mich im Schlaf übermannt. Das ist aber nicht die feine englische Art, denke ich entrüstet, aber dann muss ich mich um mein Überleben kümmern. Ich denke an Mama, die sagt, dass ich keinen Herzinfarkt habe, sondern einen Panikanfall. Ich darf also nicht den Notarzt rufen, sondern muss wieder alleine mit der Scheiße dealen. Ich atme routiniert. Ich gehe nur im Schlüpfer auf den Balkon. Aber das Monster kennt meine Waffen, und es hat sich vorbereitet. *Komm mir nicht mit so Esomüll!,* lacht es mich aus, und die Angst lärmt weiter durch meinen Körper. Ich möchte rennen, bloß weg von hier. Aber ich kann nicht weglaufen. Und selbst wenn ich es könnte, wovor überhaupt? Und wo genau wäre ich sicher? Ich konzentriere mich sehr stark darauf, dass ich in Sicherheit bin, dass mir nichts passieren kann. Aber so funktionieren Panikanfälle wohl nicht. Obwohl es um mich herum ganz still ist, tobt in mir Krieg.

Ich weine nicht. Dafür ist jetzt kein Platz und keine Zeit. Ich gehe auf wackligen Füßen ins Bad und suche meine blauen Tabletten. Wie ein Junkie lasse ich zitternd die erste fallen. Die zweite trifft ihr Ziel, und ich wanke zurück ins Bett und zähle die Streifen auf meiner Bettdecke. Meine Ohren rauschen, mein Herz beruhigt sich nicht. Ich versuche, alle Bundesländer aufzuzählen, um mich abzulenken, aber mein Inneres ist übergegenwärtig, es lässt sich nicht verdrängen. Es pocht auf sein Recht auf Aufmerksamkeit. *You gotta fight for your right to party,* zitiert es gehässig.

Ich mache mich im Bett ganz klein. Ich rolle mich so winzig, dass ich bei der Deutschen Post nicht mehr als zehn Euro im Versand kosten würde. Und ganz langsam wirkt die Tablette.

Am nächsten Morgen ist nichts besser, alles ist ab heute anders: Die Angst hat mich endgültig wieder.

Ich wache auf und fühle mich porös. Ich weiß, dass ich mir nicht mehr vormachen kann, die Attacke wäre nur eine Ausnahme gewesen, ein unangenehmer, ungeplanter Zwischenfall in meinem Kopf. Niemand wird bei mir anrufen und sagen: *Hallo, Frau Herrmann, hier Müller aus Ihrer Schaltzentrale. Uns ist da etwas Dummes passiert, der neue Praktikant hat gestern Abend versehentlich ein paar Kabel vertauscht, wir bitten um Entschuldigung, dass es deshalb zu ein paar kleinen Irritationen bei Ihnen gekommen ist. Das wird nicht wieder passieren!*

Nein, ich muss einsehen, dass irgendetwas einfach nicht in Ordnung ist. Ich bin verrückt, und ich brauche Hilfe. Ich habe verloren. Ich habe alles falsch gemacht im vergangenen Jahr. Der perfekte Schauspieler in mir hat das Drehbuch mit dem Arbeitstitel »Geistige Heilung« so gut umgesetzt, dass ich ihm glaubte.

Und nun rückt mir die Realität den Kopf schief und belehrt mich eines Schlechteren.

Und nicht nur das, wenn ich mir so überzeugend weismachen kann, dass alles wieder gut wäre, wie soll denn dann jemals wirklich alles wieder gut werden? Ich wünschte, ich wäre dümmer, weniger in der Lage, so zu tun, als ob. Ich will ein schlechter Mime, ein schlechter Lügner sein, ich will wieder ganz sein, bittebitte.

Ich merke, dass ich drauf und dran bin, komplett durchzudrehen, also nehme ich meine Zigaretten und Beine in die Hand und verlasse das Haus. Egal, wohin, ich muss weg von mir. Ziellos geistere ich durch die nähere Umgebung und weine und rauche.

Ich rufe Anette an. Heule auf ihren Anrufbeantworter.

Rufe Max an und heule auch auf seinen Anrufbeantworter.

Und schließlich rufe ich in der Praxis von meiner Psychiaterin Frau Dr. Kleve an, obwohl ich weiß, dass sie irgendwo ein Kind stillt. Ich will ihre Vertretung. Ich atme tief durch und spreche mit der Sprechstundenhilfe.

»Frau Herrmann! Na, Sie waren ja lange nicht mehr hier, nicht? Wie lange ist es her? Ein Dreivierteljahr?«, zwitschert sie ins Telefon.

Ich sage ihr, dass es mir nicht so gut geht, seit ich die Tabletten abgesetzt habe, und dass ich gern einen Doktor sehen möchte.

»Oh, Sie haben den neuen Doktor noch gar nicht kennengelernt, stimmt's? Nun, heute sieht es leider schlecht aus mit Terminen. Der Herr Doktor hat viel zu tun. Wie schlimm ist es denn?«

»Keine Ahnung«, sage ich tapfer. »Nicht so schlimm, dass ich zur Rasierklinge greifen würde, aber bis morgen möchte ich wiederum ungern warten.«

»Na, da kommt grad der Herr Doktor. Ich reich Sie mal weiter!«

»Hallo, Frau Herrmann?«, fragt eine männliche Stimme nach kurzem Getuschel. »Wie geht es Ihnen denn?«

»Na, bei allem Respekt, was glauben Sie, wie es mir geht, wenn ich heulend Ihre Sprechstundenhilfe anrufe und um einen sofortigen Termin bitte?« Ich habe keinen Nerv für Phrasen.

»Was ist denn das Problem?«, fragt der Herr Doktor ganz sachlich. Vermutlich wurde er schon von ganz anderen Kalibern am Telefon angebrüllt.

»Ich weiß nicht, wo ich anfangen soll. Ich habe vor ein paar Wochen meine Antidepressiva abgesetzt, und jetzt geht's mir schlecht. Sehen Sie da einen Zusammenhang? Soll ich wieder Tabletten nehmen? Bin ich verrückt? Ich dachte, ich wäre es nicht!«, erbreche ich die Worte. Ich bin ungeduldig. Ich will, dass der Doktor gleich weiß, wie es in mir aussieht. Er soll mir helfen, mir raten, mich heilen!

»Puh, Frau Herrmann. Das kann ich alles nicht am Telefon beantworten!«

»Das ist mir klar, aber ich wollte auch keine telefonische Beratung!«

»Passen Sie auf, ich versuche, Sie heute noch irgendwo reinzuschieben. Ist 17.30 Uhr zu spät?«

»Nein, 17.30 Uhr ist prima. Vielen Dank! Und entschuldigen Sie meine Hysterie!«

Ich war zu laut, zu fordernd. Ich war ich. Nicht so schön.

Aber ich bin beruhigt. Ein wenig. Ich möchte so gern alles abgeben: Hier bin ich. Ich bin nackt. Ich zeige euch alle meine Geheimnisse, meine Ängste, meine Unsicherheiten, meine Verfehlungen. Ihr dürft in jedes Loch sehen, ich beantworte jede Frage so ehrlich, wie ich es kann. Ich nehme jede Last auf meine Schultern, beichte all meine Sünden. Ich werde nicht lügen. Ich will brav sein und alles richtig machen, nur, bitte, helft mir hier raus!

Anette ruft zurück. Ich schildere das Problem und fange wieder an, zu weinen. »Was ist nur los mit mir?«, will ich wissen. »Warum passiert das wieder? Was mache ich denn verdammt nochmal falsch?«

Anette versucht, mich zu beruhigen. »Karo, du machst nichts falsch. Ich denke, es liegt einfach daran, dass du wieder mehr in Beziehung stehst!«

»Was soll das bedeuten? Zu wem stehe ich mehr in Beziehung?« Ich verstehe nichts.

»Du stehst wieder mehr in Beziehung zu dir. Und auch zu anderen Menschen. Zu Max. Das macht dir Angst, denke ich.«

Ich bin verwirrt. Diese Informationen und alle Erkenntnisse des letzten Jahres tanzen in meinem Kopf wie zu elektronischer Musik, zuckend und schnell. Ich kann im Strobolicht meines Kopfes nicht mehr sehen. Kann mich bitte jemand löschen? Ich will geblitzdingst werden, bitte schalte mich mal jemand aus. Reset. Ich will nichts mehr wissen, nicht mehr schlussfolgern, nachsehen, suchen, verstehen. Nur noch sein. Am liebsten gesund.

»Ich kann nicht mehr. Mach mich wieder ganz!«, flehe ich Anette an wie ein kleines Kind.

»Karo, du schaffst das! Wir kriegen dich wieder hin. Aber gestehe uns ein wenig mehr Zeit zu! Lass mal ein bisschen los!«

»O.k.«, flüstere ich. Ich weiß nicht, was sie meint, aber ich will es auch nicht wissen. Ich bin müde. »Dann bis übermorgen«, schiebe ich hinterher.

»Du kannst auch früher kommen, wenn du möchtest«, bietet Anette an. Sie macht sich Sorgen. Aber ich möchte nicht. Ich erzähle ihr von meinem Date mit dem Psychiater heute und dass das schon reichen wird.

Ich sitze auf dem Bürgersteig und rauche. Langsam komme ich runter. Alle Zuständigen sind alarmiert, die Arbeit kann wieder aufgenommen werden. Jetzt wird in die Hände gespuckt. *Wiederaufbau Karo* kann beginnen.

Max ruft zurück: »Sorry, ich war in einem Meeting. Wie geht's dir jetzt?«

»Wieder besser, ich habe einen Termin bei einem Psychiater und mit Anette telefoniert«, sage ich mit fast fester Stimme. Dann fange ich sofort wieder an, zu weinen. Max' vertraute Stimme macht mich anlehnungsbedürftig.

»Ach, Kleene! Wollen wir ein Eis essen gehen, bis du deinen Arzttermin hast? Ich kann mir den Rest des Tages freinehmen! Oder möchtest du lieber ein bisschen allein sein?«

Ach, mein liebster Fast-Freund! Ich möchte jetzt nichts lieber, als ein Eis essen. Nicht mehr allein sein, nicht mehr denken. Also sammle ich Max vor der Agentur ein, und wir setzen uns in einen Park und essen Schwedeneisbecher und sehen den Joggern beim Joggen zu.

In mir breitet sich Ruhe aus. Und Akzeptanz. Das Kind ist mal wieder in den Brunnen gefallen. Kein Grund mehr, ihm hinterherzubrüllen, dass es gefälligst vorsichtig mit den morschen Brettern sein soll. Jetzt müssen die Bergungsarbeiten beginnen.

»Eine Depression ist ein fucking Event!«

Ja, das ist ein schmissiger Satz, den der Popstarpsychiater da sagt.

Ich sitze in seiner Praxis, die eigentlich Frau Dr. Kleves Praxis ist, und starre auf seine Bionade.

Er und ich, wir fangen bei null an, müssen aber schnellstmöglich auf hundert kommen, denn erst von da an ist eine Diagnose für mich vertrauenswürdig. Also bete ich in Stichpunkten das vergangene Jahr herunter, angefangen bei dem Verlust meiner Arbeit und mit meinem vor der Tür im Wartezimmer sitzenden Fast-Freund endend.

»Sie nehmen also seit sechs Wochen keine Antidepressiva mehr und haben jetzt wieder Angstanfälle?«, fasst der Popstarpsychiater zusammen.

»Ja. Und was ich von Ihnen wissen will, ist, warum. Hängen die Angstanfälle direkt mit dem Entzug zusammen, oder bedeutet es, dass ich ohne Tabletten eben Angst habe? Muss ich also die Tabletten wieder nehmen? Wenn ja, warum? Was ist los mit mir? Wie kann man mich wieder vollständig ganz machen?«

Der Doktor wirkt amüsiert.

»Nun, Frau Herrmann, erst mal eins nach dem anderen bitte. Ich kenne Sie noch nicht genug, um Ihnen zu sagen, was nicht in Ordnung ist, aber ich halte es nicht für Zufall, dass Sie Angstanfälle bekommen, seit Sie die Tabletten nicht mehr nehmen. Warum haben Sie die denn überhaupt abgesetzt?«

»Na ja, weil ich sie schon ein ganzes Jahr lang genommen hatte und weil es mir gut ging und weil sich mein Leben stabilisiert hatte. Ich dachte, dass alles wieder in Ordnung ist, und stattdessen stellt sich heraus, dass ich ohne Tabletten ein Freak und nicht lebensfähig bin! Das ist doch alles Mist!«, und ich fange an, zu weinen.

Der Popstarpsychiater sieht mich wie ein interessantes Tier an und macht sich Notizen in meine Akte.

»Ich weiß einfach langsam nicht mehr, wer ich bin, wem in mir ich glauben kann. In mir fühlt sich alles ganz verknotet an!«, murmle ich unter Tränen.

Der Doktor reicht mir Taschentücher und sagt fast verständnislos: »Was glauben Sie denn, wofür Knoten da sind? Sie halten Sachen zusammen! Es ist nicht immer sinnvoll, Knoten sofort zu lösen. Vielleicht müssen Sie ein bisschen verknotet bleiben, um sich zu schützen!«

Da hat er ein schönes Bild gezeichnet, der neue Arzt. Ich denke ein wenig darüber nach und höre auf zu weinen. Es ist nicht nötig, alle Geister der Vergangenheit und Gegenwart und Zukunft umgehend zu exorzieren?

»Aber ich muss doch irgendwann mal anfangen, aufzuräumen«, werfe ich ein, »denn augenscheinlich ist doch irgendetwas ganz entscheidend nicht in Ordnung, und die Angstanfälle sind die Symptome dafür, und mit denen kann ich auf keinen Fall leben. Ich kann doch un-

möglich den Rest meines Lebens Antidepressiva nehmen!«

»Warum nicht?«, fragt der Popstarpsychiater provokant
und nippt an seiner Holunderbrause.

»Weil ich damit doch nur die Symptome behandle, nicht
die Ursache! Ich will aber die Ursache wissen und aus-
merzen, sodass ich wieder ganz alleine gut leben kann!«

Der Arzt wirkt plötzlich ärgerlich: »Frau Herrmann,
ich finde es durchaus löblich, dass Sie keine Tabletten
nehmen wollen. Glauben Sie mir, ich habe Patienten, die
würden alles für eine höhere Tablettendosis geben. Aber
wenn Sie Tabletten gegen Bluthochdruck oder Herzpro-
bleme nehmen müssen, hinterfragen Sie deren Wirkung
und Dosierdauer auch nicht, sondern Sie nehmen sie einfach, weil sie Ihnen helfen. Ich verstehe nicht, weshalb die
Menschen bei psychischen Problemen nicht die gleiche
Hilfe in Anspruch nehmen. Da wollen immer alle von allein funktionieren. Das erwarten Sie von Ihrem Blutdruck
doch auch nicht!«

Na, da hat er mir aber ordentlich den Kopf gewaschen.
Aber so schnell gebe ich nicht auf, mit nassen Haaren
bringe ich zumindest noch ein letztes Aber vor: »Aber das
fühlt sich irgendwie falsch an. Wie Verdrängung. Während die Tabletten mir vorgaukeln, dass es mir gut geht,
braut sich heimlich in mir der ganze ungelöste Scheiß zu
einem sehr heißen Süppchen zusammen, das mir irgendwann siedend aus den Ohren geschossen kommen wird.
Wissen Sie, was ich meine?«

Der Popstarpsychiater verdreht die Augen. »Ich sage ja
auch nicht, dass Sie für den Rest Ihres Lebens Antidepressiva nehmen müssen, aber ich halte es für keine gute Idee,

damit aufzuhören, wenn es Ihnen nicht zu einhundert Prozent gut geht!«

»Aber es ging mir gut! Sehr gut! Ich hatte wieder Arbeit und war zufrieden und verknallt! Wie viel besser kann es einem noch gehen?«

»Aber Sie haben Zweifel an Ihrer neuen Beziehung!«

»Nein, ich habe Zweifel an *mir*, diese neue Beziehung betreffend! Ich traue mir nicht mehr. Außerdem hat das doch mit der aktuellen Lage überhaupt nichts zu tun!«, stänkere ich.

»Wie kommen Sie denn darauf?«, stänkert der Arzt zurück.

»Jetzt klingen Sie schon wie meine Therapeutin!«, scherze ich.

»Wie klingt denn Ihre Therapeutin?«, scherzt er nicht zurück.

»Sie sagt, dass ich jetzt wieder in Beziehung stehe. Dass es mir deshalb so geht.«

»Na, dann ist Ihre Therapeutin gar nicht so schlecht!«

Menno.

Ich bin wirklich fasziniert vom Popstarpsychiater. Er ist abgebrüht. Er scheint ein Fan von sich zu sein. Ich bin es auch. Er ist ungewohnt hart und sehr direkt. Er packt feste an, behandelt mich grob, lässt sich nicht einlullen von mir. Ich sage ihm das. Dass ich ihn interessant, aber auch anstrengend finde.

»Glauben Sie mir, ich finde es auch anstrengend mit Ihnen. Ich bin nicht zu jedem Patienten so. Es ist enorm schwer, an Sie heranzukommen.« Findet er. »Ich habe das Gefühl, Sie mit einem Schlagbohrer bearbeiten zu müssen, damit Sie sich öffnen. Sie sind eine Wand aus Beton. Dauernd lenken Sie ab, machen Witze, versprühen Charme.«

»Wie lautet Ihre Diagnose?« Ich möchte Klartext.

»Ich bin noch nicht sicher, dazu haben wir nicht genug gesprochen, aber ich denke, Sie haben eine ordentliche Depression. Und ich könnte mir vorstellen, dass Sie die vielleicht schon sehr lange haben, dass sie über die Jahre vielleicht sogar chronisch geworden ist. Ihre Depression versteckt sich nämlich sehr gut. Sie haben einen fantastischen Schutzschild aufgebaut.«

Ich bin überrascht. Das wollte ich nicht hören. Ich habe keine Depression! Ich hatte vielleicht ob der Umstände eine depressive Verstimmung, aber ich bin doch nicht depressiv!

»Das glaube ich nicht«, sage ich deshalb mutig. »Ich bin überhaupt nicht traurig, ich grüble nicht viel, ich habe keine Schlafprobleme, und ich habe keinen gestörten Antrieb!«, leiere ich die typischen Symptome für eine Depression herunter.

»Frau Herrmann, in der halben Stunde, die Sie jetzt hier sitzen, haben Sie dreimal angefangen, zu weinen, und ich habe in dieser Zeit dreimal das Wort Depression in meinen Notizen unterstrichen!« Als Beweis zeigt er mir die Notizen. Es stimmt. Ich habe geweint, und er hat unterstrichen.

»Und in den Momenten, in denen Sie weinen, wirken Sie ungewöhnlich traurig. Sie verströmen eine Traurigkeit, die einem die Schuhe auszieht! Wenn Ihre Depression herauskommt, dann nur für kurze Zeit, und wenn man mal nicht hinsieht, ist sie auch schon wieder weg. Sie versteckt sich. Zum Beispiel hinter Ihrer Angst. Sie haben doch selbst gesagt, dass, wenn Ihre Beruhigungstabletten wirken und Sie nach einem Angstanfall ruhiger werden, eine unbestimmte Niedergeschlagenheit übrig bleibt!«

Jetzt bin ich es. Niedergeschlagen. In der gesamten Wortwörtlichkeit des Begriffes. Meine Augen füllen sich wieder mit Wasser, aber ich zwinge mich, das Augenfass nicht zum Überlaufen zu bringen. Keine weiteren Beweise mehr für die Gegenpartei! Herr Richter, wir beantragen eine kurze Unterbrechung!

Ich gehe auf die Toilette, um mich zu sammeln. Aber ich kriege mich nicht vernünftig gesammelt. Ich sitze auf dem Klo und wiege den Kopf im Takt des Chaos meiner Gedanken.

Als ich an seinen Schreibtisch zurückkomme, versuche ich, mit einem Witz, mich mit dem Popstarpsychiater zu verbünden: »Meine Therapeutin sagt immer, dass ich mich nicht spüre. Was immer das heißen soll!« Ich hoffe, wir können ein wenig abfällig über diese esoterische Aussage grinsen, auch wenn dieser Witz leider auf die Kosten der fürsorglichen Anette geht.

Da habe ich allerdings die Rechnung ohne den Wirt gemacht: »Wie kommen Sie auf die Idee, dass das nicht stimmen könnte? Sie spüren sich so wenig, dass Sie noch nicht einmal merken, dass Sie eine Depression haben!«

Kalt erwischt. Und ich bin auch ein bisschen sauer. Ein Witzchen in Ehren kann niemand verwehren, ist meine Philosophie. Aber nicht die des Arztes. Ich ziehe in Erwägung, dass er mich nicht leiden kann. Aber eigentlich weiß ich es besser: Er will mich aus der Reserve locken.

»Frau Herrmann! Fällt Ihnen denn gar nichts auf? Sie sind sehr intelligent. Sie scheinen auch über einen sehr hohen *emotionalen* Intelligenzquotienten zu verfügen, und Sie sind über die Maßen empathisch, haben ein ausgezeichnetes Gespür für die Stimmung anderer. Nur bei sich selbst versagen diese Fähigkeiten total. Was Ihre eigenen Gefühle angeht, laufen Sie mit einem dicken Brett vor dem Kopf herum. Das ist merkwürdig. Es stimmt ganz offensichtlich: Sie können alles andere, aber nicht sich selbst spüren!«

»Oh«, sage ich und spüre plötzlich sehr deutlich die Last des Holzes vor meiner Stirn.

»Wissen Sie, diese Unfähigkeit zu spüren wird von der Seele als eine Art Schutzschild beispielsweise nach einer Traumatisierung aufgebaut. Das ist ganz natürlich und auch sehr nützlich. Es bewahrt Sie davor, Unerträgliches zu fühlen. Irgendetwas hat Sie veranlasst, sich zu schützen. Sie spüren sich selbst erst dann, wenn es schon fast zu spät ist, wenn Ihre Gefühle sich in einer Panikattacke entladen. Und wir müssen rausfinden, welche Verletzung bei Ihnen diese Reaktion ausgelöst haben könnte.«

Ah, nun bin ich wieder in meinem Element. Da kann ich mitreden und werfe mit nonchalantem Lächeln geübt meine Kindheit auf den Tisch, dass die Bionade wackelt. »Folgendes habe ich im Repertoire: 1. sexueller Missbrauch durch einen nahen Familienangehörigen, 2. Haue und zu wenig Liebe von einer überforderten und vermutlich damals selbst depressiven Mutter, und zu guter Letzt 3. ein Vater, der mir einfach nie glaubhaft vermitteln konnte, dass ich ihm ausreiche, so wie ich bin.« Bitteschön, suchen Sie sich ruhig eins aus, Herr Doktor! Ich bin kurz davor, »Schach!« zu rufen, aber das wäre der Situation wohl nicht angemessen, wie ich am Gesicht des Arztes ablesen kann. Er scheint überrascht. Ich vergesse immer wieder, dass dieser Rucksack voller Scheiße eigentlich kein Grund ist, stolz zu sein.

»Nun. Das sind sogar drei traumatische Ereignisse. Jedes Einzelne ist stark genug, um Sie zu dem zu machen, was Sie sind«, stellt er nahezu ernüchtert fest. »Auch wenn man sich in der Psychologie mit Diagnosen erst mal zurückhalten muss, kann ich in diesem Fall mit fast hundertprozentiger Sicherheit sagen, dass das die Auslöser für Ihre Schutzmauer sind. Das musste eine solche Reaktion auslösen.«

Die Klarheit seiner Aussage macht mich sprachlos.

Interessiert sieht mich der Arzt an. »Was spüren Sie jetzt?«, fragt er.

»Ich bin traurig«, sage ich.

»Warum?«, will er wissen.

»Keine Ahnung. Weil es unfair ist. Weil all diese Menschen mich nicht richtig behandelt haben. Weil man so nicht sein darf zu einem kleinen Kind. Und ich bin wütend. Weil alles so anders hätte sein können.«

»Genau! Aber die gute Nachricht ist: Sie spüren etwas!«

»Ja, jetzt! Das ist auch einfach. Aber andere Situationen sind nicht so leicht zu entschlüsseln. Das ist ja mein Problem! Ich bekomme Angstanfälle in Momenten, in denen ich überhaupt nicht traurig bin. In denen scheinbar alles in Ordnung ist. Und dann denke und denke und denke ich. Versuche, in meinem Kopf zusammenzufügen, was nicht zusammengehört. Mein Kopf ist wie ein minderwertig produziertes Puzzlespiel, die einzelnen Stücke sind schlecht ausgestanzt und passen einfach nicht zusammen! Es macht mich wahnsinnig, immer auf der Suche nach einer Ursache zu sein. Die ganzen Möglichkeiten rennen in meinem Kopf durcheinander wie eine aufmüpfige Kindergartengruppe. Alles schreit und will nicht in einer Reihe stehen!«

»Dann hören Sie auf damit.«

»Womit?«

»Mit Denken.«

Nach über einer Stunde schleiche ich mit einem weiteren Termin und dem Rezept für Antidepressiva aus der Praxis meines neuen Psychiaters. Max sitzt tapfer immer noch im Wartezimmer und liest in einer Broschüre über Hyperaktivität. Eine Krankheit, die er nie bekommen wird.

Ich habe ein schlechtes Gewissen, ihn so lange rumsitzen gelassen zu haben. Draußen brüllt die Sonne, er hätte spazieren oder Kaffee trinken gehen können, hätten wir gewusst, dass es so lange dauern würde. Aber stattdessen sitzt er zwischen lauter ungeduldigen Kopfkranken und wartet auf mich. Mir wird ganz schwindlig vor Zuneigung.

»Es tut mir sehr leid, dass es so lange gedauert hat!«, sage ich und drücke Max dolle.

»Kein Problem.«

»Doch!«

»Nein.«

»Doch!«

»Karo, wenn ich sage, dass es kein Problem ist, dann ist es keins. Basta.«

Ich küsse meinen Begleiter auf die Brust, höher komme ich stehend nicht, und führe ihn hinaus in den Sommer.

Es ist schon fast Abend, aber weil es immer noch sehr warm ist und weil ich runterkommen muss, legen wir uns in den Park. Max fragt nicht viel, er weiß, dass ich erzählen werde, wenn ich so weit bin. Also liest er und pult nebenbei mit seinem Finger in meinem Bauchnabel rum, während ich auf dem Rücken liege, in die Bäume starre und versuche, meinen Besuch beim Popstarpsychiater und dessen Bedeutung für die nahe Zukunft zusammenzufassen.

Die Möglichkeit, nicht mehr zu denken, zu analysieren, verstehen zu wollen und vor allem ändern zu wollen, habe ich nie in Erwägung gezogen. Ich hielt es immer für den einzigen Job, den ich in diesem Spiel habe: verstehen und anwenden!

»Hören Sie auf«, hat er gesagt, »denken Sie nicht dauernd über sich und eine mögliche Lösung nach. Hören Sie auf, mit anderen Küchentischpsychologen darüber zu philosophieren. Machen Sie sich nicht irrer, als Sie sind. Ihr Leben ist doch gut im Moment. Genießen Sie es einfach!«

Da ist dann doch noch der Hippie in ihm zum Vorschein gekommen. Aber er hat recht. Vielleicht ist das die einzige Form, etwas wirklich zu akzeptieren: nicht mehr drüber nachdenken. Sich helfen lassen und die Verantwortung abgeben. Sich mit dem Ist-Zustand abfinden. Nicht mehr kämpfen. Der Psychiater meint sogar, dass ich nicht allzu oft zur Therapie gehen sollte. Alle drei Wochen würde erst mal vollkommen ausreichen. Nicht weil er kein Fan von Therapien ist, sondern weil er findet, dass man sich in Zeiten, in denen man besonders *vulnerabel* ist, nicht auseinandernehmen, nicht dauernd über sich reden sollte.

Ich werde wieder Antidepressiva nehmen, ich weiß, dass die angstlösende Komponente innerhalb kürzester Zeit wirkt, also keine Angst mehr. Und da liege ich und merke, während Ameisen auf meinem Körper Infrastruktur bauen, dass sich Ruhe in mir ausbreitet. Der neue Plan gefällt mir, und endlich finden zwei Puzzlestücke mit einem leisen Klick zueinander.

Den Kopf endlich ausschalten. Mein schönes Leben leben. Denn eigentlich ist es tatsächlich schön, mein Leben! Der Finger in meinem Bauchnabel erinnert mich daran. Und wenn es durch die Einnahme den Kopf sortierender Mittel so bleibt, warum nicht? Und vielleicht lösen sich dann irgendwann ein paar Dinge in meinem Kopf von ganz allein. Ein Knoten ist immer einfacher zu lösen, wenn man nicht wie bescheuert daran rumzerrt, sondern locker lässt. Also schön locker lassen und Kopf ausschalten.

Ab jetzt.

EPILOG

Ich wache vor Max auf. Ich muss auf die Toilette und will für den ersten Kuss des Tages die Zähne putzen.

Offensichtlich war Max heute schon mal wach, jedenfalls hat er bereits meine Zahnbürste mit Zahnpasta belegt. Und dazu gibt es etwas Neues auf dem Morgenhygienebuffet: Neben der Zahnbürste hat Max ein Glas Wasser platziert. Und meine allererste Kopftablette.

Ich starre für ein paar Sekunden regungslos auf dieses Stillleben der Romantik und drehe mich, ohne die Zähne zu putzen, um und kehre sehr bestimmt zum Bett zurück.

»Pünktchen-Mann, werde mal wach bitte!«

»Nenn mich nicht Pünktchen-Mann!«, grummelt es zurück.

»Ich kann dich nennen, wie ich will!«, behaupte ich.

»Nee, kannste nicht. Nicht, solange wir keinen Exklusivvertrag haben.«

»Ja, genau darüber wollte ich grad mit dir reden.«

DANKSAGUNG

Ich danke Nora, Jana und Carola.
Außerdem Ansa, meiner Familie und Sebastian.

Ihr steht alle auf der Gästeliste meines Herzens!